非常識マラソンメソッド

ヘビースモーカーの元キャバ嬢が
たった9ヵ月で3時間13分！

岩本能史
club MY☆STA

トバンク新書　145

序　章　ある日、元キャバ嬢がやって来た

2009年1月末、初心者向けに開いた「フルマラソン完走塾」というセミナーでの出来事。90分の講義を終えてほっとひと息ついていると、ぼくの目の前に参加者の1人が立っていました。

そのいでたちを見て、ぼくはかなり驚きました。

鳥の羽根の飾りがついたピンヒールブーツを履き、革ジャンにピンクのミニスカート。とてもランニングをしている女性には見えません。

そんな彼女が発した言葉を聞いて、ぼくはもう一度驚きました。

「速くなりたいんです。私にマラソンを教えてください」

それが愛澤蓮、アイさんとの出会いです。

ぼくはいままでは彼女のことを親しみを込めて「アイアイ」と呼んでいますが、ここでは敬意を表してアイさんと呼ばせてもらいましょう。

彼女の表情は真剣そのものでした。ぼくの目を真正面からじっと見据える瞳の奥から、マラソンに懸ける強い意志がひしひしと伝わってきます。続けて彼女はこう尋ねてきました。

「定員まであと6人とおっしゃっていましたが、私でも入れますか?」

ぼくは「ｃｌｕｂ ＭＹ☆ＳＴＡＲ」というランニングクラブを主宰しています。定員は毎年１００人で、この日、残り6人となっていました。講義中にそのことに触れたのを覚えていて、彼女はメンバーになりたいと思ったようなのです。

もちろん意欲のあるランナーは大歓迎です。「大丈夫ですよ。詳細はサイトを見てください」とぼくは伝えました。

ぼくのセミナーでは講義後、実践形式のランニングを行っています。参加者を走力別に三つから四つのグループに分けて、1周5㎞の皇居を2~3周するのです。

この日の参加者は、彼女を入れて71人。定員は70人でしたが、アイさんはすでに募集枠が埋まっていたにもかかわらず「応募を締め切ったそうですが、万一欠員があったら入れてくれませんか?」と果敢にメール。主催者もその熱意に負けて、受け入れた経緯をあとで知りました。

ランニングウエアに身を固めてウォームアップするランナーのなかで、ピンクのゴルフウエアを着たアイさんはひときわ浮いていました。しかしその歩き方を見て、「この子、ひょっとしたら化けるぞ」とぼくは秘かに思いました。前方向への推力を生みだすランナー向きの骨格をしていたことと、上半身、特に腕の動きが大きく、下半身の動きを上手くリードしていたからです。

セミナー終了後の質疑応答で、アイさんは続けて質問してきました。

「フルマラソンを完走するには、1週間にどのくらい走ればいいですか？」

こう尋ねた彼女にぼくは思わず、「きみならすぐにサブスリーは可能。2時間40分台だって出せるはず」ととっさに答えてしまいました。質問の答えになっていないのはわかっていましたが、さきほど目にした骨格と動きの印象が強く、思わず〝サブスリー〟という言葉が口をついて出たのです。

彼女以外の参加者は、ぼくの発言を聞いてみんな驚いていました。

サブスリー、つまり42・195kmのフルマラソンで女性が3時間を切るのがどれくらい大変なことか。ランナーはみんな知っていますから、「こんな女の子がいきなりサブスリー⁉」と思ったのでしょう。

日本の市民ランナー人口はおよそ200万人と言われていますが、そのうちサブスリーを達成しているのは男女合わせても7000人程度。わずか0・35%という狭き門ですが、ぼくの見立てに狂いはありませんでした。アイさんはそれから9ヵ月後にフルマラソンで3時間15分以内という国際女子マラソンの参加資格を得るランナーになり、いまではサブスリーを射程に捉える快速ランナーに成長しています。

キャバ嬢からの華麗なる転身

セミナー終了後、アイさんは入会しようとネットで「club MY☆STAR」のサイトをチェックします。

入会金と月会費を合わせると年間計6万円近くかかると知り、「ランニングクラブの相場も知らないし、OLが気軽に払える金額じゃない」と一度は入会をためらったそうです。

アイさんは、お兄さんに電話で相談します。お兄さんは家族のなかで唯一のランニング経験者だったからです。

「私とはそれまで反りが合いませんでしたが、ランニングを通じて兄と初めて心が通う会話ができるようになった気がします」

アイさんが相談すると、お兄さんは「おまえは計算が苦手だよな。年間6万円なら1ヵ月あたり5000円。練習会が週2回なら1回あたり600円程度。これは相当安いよ。そもそもお前、いままでの人生でここまで期待されたことあった？入ったほうがいいよ」とアドバイスをしてくれたそうです。

お兄さんの助言を聞いたアイさんは、晴れて「club MY☆STAR」に入会。2月の第1週から一度も休むことなく練習会に参加するようになりました。あとから知ったことですが、実はアイさん、この頃まではタバコを1日2箱以上吸うヘビースモーカーでした。

それからアイさんといろいろと話をするなかで、少々特殊な彼女のバックグラウンドがわかってきました。

アイさんは現在、東証一部上場企業の役員で二つのグループ会社を率いる、ある社長の秘書を務めるOLですが、その前職は、六本木の有名クラブで働くキャバ嬢でした。

彼女は関西出身ですが、18歳から埼玉のパブで雇われママとして8年間奮闘し、その後オーナーが病死したことを転機にキャバクラに遅咲きデビュー。最後は聖地、六本木へと進出し、33歳までキャバ嬢として働きます。

「水商売歴15年だね」とぼくが言ったら、「いや、高校時代からアルバイトをしていたので、実際は18年くらいですよ」とアイさんは笑いました。

水商売のアルバイトに明け暮れた彼女は、高校3年間で通学したのは12日間だけ。普通に考えるととても卒業はかないませんが、彼女が通った高校は自由というかユニークな学校で、「この3年間、あなたは何を学びましたか」というテーマの卒論を書けば、卒業させてくれるという制度があったとのこと。

そこでアイさんは、『水商売と私と○○学園』というタイトルで「水商売は究極の人間学の現場である」という持論を展開。読んだ先生方は大変感動して、その論文一発で卒業を認めてくれたそうです。

彼女に転機が訪れたのは33歳の夏。六本木で働いているときにお世話になっていた方から「昼間の仕事に転職することを真剣に考えているのなら」と、明るさと人間性を認められてヘッドハンティング。社長秘書の座を射止めたのです。

しかし、異業種からの転職は苦労続きだったそうです。パソコンも苦手で「オレがやったほうが早い」と社長に言われる始末。みんなが退社してから、内緒でパソコンの訓練にも励んだそうです。持ち前のガッツで秘書検定にも合格し、いまでは前職が何かをまるで感じさせない立派な秘書に成長しました。

彼女が走り始めたのは、この転職がきっかけでした。理由は二つあります。

一つは、昼間の仕事になったら太ったのでダイエットのため。夜の仕事のほうが生活は不規則で太りそうなものですが、彼女の場合はどうやら逆だったようです。

もう一つの理由は、大好きなゴルフの飛距離を伸ばすには、下半身を強化するのがいいと会社の人から勧められたため。ドア・ツー・ドアで気軽にできるジョギングに大いに興味を持ったのです。

ゴルフ以外の運動歴はゼロ。ランニングも学校の体育以外は未体験のアイさんは、こうして走り始めました。

ハーフマラソンにエントリー

始めは週に1～2回、自宅の周辺を2㎞くらいジョギングする程度でした。それでもダイエット効果が出てきて「アイちゃん、痩せてきたね」とまわりから言われるようになりました。「走っているなら一度ハーフマラソンに出てみたら?」とランニングが趣味の上司に勧められてその気になり、早速レースにエントリーします。思い立ったらすぐに行動に移すのがアイさん流です。

飲み友達に「今度ハーフマラソンに出る」と言うと、冗談まじりに「2時間切ったら新しいパターをプレゼントしてあげるよ」と言われ、アイさんの闘志に火がつきます。飲み友達は、ランニング経験が浅いアイさんにいきなり2時間が切れるわけがないと思ったのでしょう。確かに、練習もロクにしていないヘビースモーカーの初心者が、初めてのハーフマラソンで2時間を切るのは簡単ではありません。

アイさんの上司や先輩たちも同じレースにエントリー。レース前には練習を兼ねて皇居を一緒に走りました。

2周の予定でしたが、おしゃべりしながら余裕で走っているアイさんを見て、上司もちょっと意地悪な気分になったのか、「ペースを上げてもう1周走ってみようか」と誘います。アイさんは3周目も5㎞28分ペースで走り切り、上司には「正直、そんなに走れると思っていなかったよ」と褒められて、彼女はすっかりその気になりました。

本番のレースには「皇居の3周目のペースで走れば2時間が切れる」というざっくりとした戦略で臨みます。1㎞を5分半で走る女の子2人組に途中までついていきますが、オーバーペースで失速。でも、応援に来てくれていたお兄さん夫婦の声援をバネに持ち直し、1時間55分のタイムでゴール。2時間を切る目標を成し遂げて、飲み友達から約束通り「スコッティキャメロン」のパターをプレゼントしてもらったそうです。

フルマラソンにチャレンジしたくなる

目標の2時間を切ったものの、アイさんはあまり感動しませんでした。

「私、ゴールしたら泣くと思っていたのに、全然泣けなかった。以前、ＪＡＬで海外旅行に行ったとき、機内放送でずっと流れていたホノルルマラソンの映像で、みんなが涙ながらにゴールしているシーンを観て、〝マラソン＝ゴールで号泣〟というイメージがあったのに、まったく達成感がありませんでした」

彼女はそう振り返ります。

完走の感動を味わうにはハーフではもの足りない。やはりフルマラソンに挑戦しなくてはダメなんだ。そう考えた彼女は、ネットで偶然ぼくの「フルマラソン完走塾」というセミナーがあるのを知り、参加することに決めたのです。

アイさんは苦しいことが大嫌いで、とにかくラクに速く完走したいというタイプ。それは、我が「ｃｌｕｂ ＭＹ☆ＳＴＡＲ」のコンセプトである「最小のトレーニングで最大限の効果を」と見事に合致します。

アイさんは定期的に練習会に参加して、２ヵ月後の４月には「かすみがうらマラソン」でフルマラソンデビュー。4時間を切るタイムで完走し、その後、快速ランナーへの道を一気に駆け上がります。

ぼくはアイさんだけに特別な指導をしたわけではありません。彼女は「c l u b MY☆STAR」で他のメンバーと同じ練習をしました。

確かにアイさんはフォームや身体の使い方の面では光るものを持っていましたが、普通の人でもぼくの提唱するフォームを身につけて真面目にトレーニングすれば、フルマラソン完走はそれほど難しいものではありません。ある程度の覚悟があれば、男性ならサブスリー、女性なら3時間半を切るタイムでゴールする快速ランナーになるのも、十分に現実的なことです。

事実「c l u b MY☆STAR」では、アイさん以外にも3時間15分を切る国際女子マラソンの参加資格を持つランナーや、男子でも国際マラソンの参加者を毎年多数輩出しています。

では、いよいよ続く章で、アイさんの挑戦を支えたぼくの提唱するのランニング理論について紹介していきましょう。

目次

第5章 岩本流フルマラソン3ヵ月プログラム 123

第6章 自己ベスト必達のレースマネジメント 169

第1章　ランニングの通説を鵜呑みにするな

◎――初心者でも厚底のシューズを履かない

ぼくはセミナー会場でアイさんが歩く姿を見て「この子、ひょっとしたら化けるぞ」とピンと来ました。でも、初めての練習会のとき、その足元を見て「あ、ここはダメだ」と思いました。

アイさんが履いていたのは、好きな色だから選んだというピンク色の派手なシューズ。ぼくが見るかぎり、見た目重視のランニングシューズでした。

ピンクのシューズでも、セールで買ったシューズでもいいのですが、何よりダメだと思ったのは、それがかなり底（ソール）の厚いシューズだったからです。

ランナーにとって、もっとも大切な道具はランニングシューズです。どんなシューズを履くかは、その人の走りを大きく左右します。

ランニングのハウツー本などでは、初心者は「できるだけソールの厚いシューズを履きなさい」と教えています。メーカーもランニングショップも、〝初心者＝ソールの厚いシューズ〟という方程式をつくり上げています。

けれど、これはある意味間違いなのです。**初心者であっても、ある程度ソールの薄いシューズを履くべき。いや、レベルにかかわりなく、特別な事情がないかぎり、ランナーはみな薄底シューズを履くことを強くお勧めします。**

理由を説明しましょう。

初心者＝ソールの厚いシューズという方程式には、次のような解説がつきます。ランニングでは左右交互に片足ずつ着地するので、体重の2〜3倍の衝撃が脚や関節にかかると言われています。ですから、この衝撃を吸収するだけの脚の筋肉がまだ備わっていない初心者は、ソールが厚くてクッション性の高いシューズを履くべき。そうでないと着地衝撃のストレスが蓄積して、膝《ひざ》などの関節を傷める危険性がある……。みなさんも、一度はどこかで耳にしたことがあるでしょう。

しかし、事実は正反対なのです。**初心者が厚底シューズで走ると、逆に膝などの脚を傷める危険性が高くなります。**

厚底シューズは安定性が低く、薄底シューズは安定性が高い

女性ならよくおわかりだと思いますが、ハイヒールよりもスニーカーのほうが何倍も歩きやすいですよね。ランニングシューズも同じでソールが高く（厚く）なればなるほど、足元が不安定になります。

不安定な足元で、着地のたびに地面を踏みつけると、足首（足関節）がブレます。仮に足元が1㎝ブレたとしたら、テコの原理で膝ではそのブレが何倍にも大きくなります。膝のさらに上にある脚のつけ根（股関節）では、もっと大きなブレが生じます。スニーカーを履いたときに足を踏み外して捻挫するよりも、ハイヒールを履いたときに捻挫をするほうが重症になるはず。それと同じ話です。

厚底シューズは安定性が低く、薄底シューズは安定性が高いので、ランナーはソールが薄いシューズを選ぶほうがいいのです。

厚底シューズはクッション性が高いといいますが、いわゆる初心者向けの厚いソールとレース用の薄いソールを比べても、その差はわずか数ミリ程度。速く走るほど着地衝撃は大きくなりますから、ソールがたかだか数ミリ程度厚くても少しペースを上げて走ってしまえば、クッション性のアドバンテージは、いとも簡単に相殺されてしまいます。ならば、最初から薄いソールをチョイスしたほうが安全でラクに走れるということです。

アイさんにも「ある程度薄いシューズを履いて」とアドバイスしたら、彼女は次回の練習会には薄底シューズで現れました。

彼女は、ランニング界の常識に染まっていない白紙の状態だったからこそ、ぼくの言うことを何でも素直に聞いてくれました。それも彼女が急成長する原動力になったのだと思います。

◎——厚底シューズは故障のもと

厚底シューズに疑問を抱いたのは、10歳の男の子の母親である姉から「息子の同級生の多くが、体育の授業で走ると膝が痛くなると言っている」と聞いたのがきっかけでした。その話に興味を持ち、最近の子どもたちは体育の授業でどんなシューズを履いているのか調べてみると、ほとんど例外なくキッズ用の厚底のスポーツシューズを履いていました。

ぼくが子どもの頃は、スポーツシューズといってもペラペラの薄底のものでしかありませんでしたが、当時、同級生が授業で膝を傷めたという記憶はありません。

「ひょっとしたら問題は厚底シューズにあるのではないか」と思い、突き詰めて考えた結果、薄底シューズこそが故障予防につながるという発想に行き着きました。

アイさんが初めて参加したときのぼくのセミナーで、「このなかで膝に痛みを抱えている人がいたら、手を挙げてください」と尋ねてみました。すると71人中、なんと21人が手を挙げました。

続いて1人ひとりの痛みの部位と痛みのパターンを聞いてみたところ、地面からの衝撃が直接的な原因だと思えるのはわずかに1人だけ。着地衝撃のストレスは、基本的に膝の皿の下に出ます。残りの20人は全部が、着地時に膝が不自然にひねられたり、ねじれて起こるものでした。膝の外側、内側、それから裏に出る痛みです。それは骨格による不自然な動きが原因である場合以外、厚底シューズで起こっている可能性が高いのです。

◎——膝に不安がある人こそ薄底シューズを履く

厚底シューズの弱点はもう一つあります。それは薄底シューズよりも重たいことです。下半身を鍛えるために鉄下駄を履くように、足にオモリをつけたら動きが制限されますよね。

ランニングでは、一歩の動きのなかでシューズが着地しているのはごくわずかの間で、70％以上は宙に浮いています。さらにその半分は足先がお尻よりも後ろの部分にあるのです。足先に余計なオモリがついていたら、さらに大きなねじれが膝に加わって痛みや故障の誘因となります。

膝に不安を抱えている人に薄底シューズを勧めると、最初はみんな怖がります。でも「ダメだったら元に戻していいから1回履いてみて」と言うと、「わかりました。買ってみます」と素直に応じるランナーもいます。

でもショップで「膝が痛いので、ソールの薄いシューズがほしい」と言うと、親切な店員は反対するでしょう。そこで、「反対されたらぼくに電話をかけてください。直接説明しますから」とつけ加えます。実際に電話口で説明し、納得してもらったケースも少なくありません。

ソールが薄いシューズを履くだけで、びっくりするくらい痛みがなくなる人もいます。「ｃｌｕｂ ＭＹ☆ＳＴＡＲ」のある女性メンバーもその1人です。彼女は競技エアロビクスの練習で膝の前十字靱帯《ぜんじゅうじじんたい》を断裂しています。だから余計に心配だったのでしょう、初めて皇居の練習会に参加したときにソールの分厚いシューズを履いていました。皇居のコースで緩やかな下り坂になっているところでは、膝に負担をかけないようにと歩いていたほどです。

でも、ぼくのアドバイス通り薄底シューズを履くようになってから、膝の痛みもなくなり、下り坂でも不安なく走れるようになりました。いまでは下りも得意になり、１００kmマラソンも余裕で完走するウルトラランナーになっています。

マラソンランナーだけではなく、「健康のために週に3回走っています」というレベルのランナーにも、ケガなくラクに走るために薄底シューズをお勧めします。

◎薄底シューズで無駄なく推進力を得る

薄底シューズは、厚底シューズと比べると幾分クッション性が低くなります。でも、それはランナーにとってマイナスではなくプラスなのです。

ランニングで前に進む力の源になっているのは、着地時に地面から跳ね返ってくる反射エネルギーです。軟らかい砂地と硬いアスファルトにテニスボールを落とすと、硬いアスファルトのほうがボールが高く弾みます。

砂地はクッション性が高い厚底シューズ、アスファルトはクッション性の低い薄底シューズのようなもの。厚底シューズはせっかくの反射エネルギーを吸収するので損をしてしまいますが、**薄底シューズは着地時に地面から跳ね返ってくるエネルギーを無駄なく推進力に変えられるのです。**

薄底シューズのなかでも、レース用の高速モデルだとさらにメリットがあります。レース用の高速モデルは、中足部から前足部まで反発性の高い硬いプレートが入っています。それが屈曲したあと、フラットに戻る力で前方への推進力をアシストしてくれるのです。

すべての故障が薄底シューズで解決するわけではないでしょう。持って生まれた骨格や走るクセで生じるランニングのトラブルもあります。それを予防したり、改善したりするためには、次にお話するランニングフォームの修正も併せて必要です。

ランニング界では、ぼくと同じような考えはあまりないのが現状です。けれど、これはぼくがフルマラソンの4倍も5倍も長い距離のレースを走る最中に「シューズってこういうものだ」と見えてきた部分です。そんなぼくのもとで走っている「club MY☆STAR」のメンバーも、その正しさを身をもって証明してくれています。

異端視されることもありますが、どう考えても間違っていないと思うのです。

◎――かかと着地は間違い

かかと着地になりやすいのも厚底シューズの難点です。

ランニングシューズのソールは、前足部からかかと向けて徐々に厚くなっていきます。ですから、かかとが非常に分厚いいわゆる初心者用のシューズだと、足裏全体が同時に地面に下りてきても、嫌でもかかとが先に地面にあたってしまいます。最近ではかかとがあたるのを避けるために、初めからかかとの端をカットしているモデルもあるほどです。

「着地はかかとから、と多くのランニング本にも書いてある。やっぱり厚底シューズのほうがよいのではないか？」という迷いは振り払ってください。

確かに、かかと着地はランニング界の常識ですが、ぼくは足裏全体で着地するのが正しいと思っています。

迷いを消すためにもできれば一度、マラソンのレースや駅伝などのテレビ中継でトップ選手の走りをスロー再生して、じっくりと観察してみてください。かかとから着地している選手はまずいないはずです。

ただ、トップ選手たちが唯一、かかと着地をする局面があります。それはゴールラインを越えてからの数メートル。それはかかと着地をブレーキとして使っているのです。

前に進んでいるのにかかとが先に地面にあたると、ブレーキになるのは当然です。

500〜600㎞走ってもソールが減らない著者のシューズ

1歩ごとにブレーキをかけているようでは速く長くラクには走れません。

真面目に練習してもペースが上がらないと思ったら、シューズの裏をチェックしましょう。かかとの外側が減っていたらブレーキをかけている証拠。消しゴムが減るように路面との摩擦でソールが削れ、同時に前方向への運動エネルギー、つまりスピードも失ってしまっているのです。

ぼくのシューズのソールは500〜600㎞走っても減ることはありません。足裏全体で真上から踏み込むので、路面との不自然な摩擦がないからです。このようにかかとからではなく、足裏全体を置くのが正しい着地だとぼくは考えます。

かかと着地はサイドブレーキを引いたままで走っているようなもの。路面との摩擦が大きい分だけ、膝などにかかるストレスもそれだけ大きくなり、故障にもつながります。

膝は反らない（後ろには曲がらない）ようにできていますが、膝を伸ばしたままカラダの前でかかとから先に地面に着地すると、ロックした膝を反らそうとする不自然な力が加わります。そこに体重が加わると、膝のまわりの靱帯や腱《けん》などに危険なストレスをかける結果を招きます。

かかと着地をすると、着地の衝撃がじかにカラダに伝わります。着地時の衝撃が100％推進力になるのが理想ですが、衝撃が推進力に変わらないとカラダに残るエネルギーがすべて関節や脚への負担となります。

ヒトの基本設計は裸足。原始人はシューズなど履いていませんでした。ですから、ヒトの足には、歩いたり、走ったりするときの余計な衝撃を吸収するクッションが内蔵されています。それが足裏のアーチです。

足裏には前足部を横断する横のアーチがあり、両サイドに縦のアーチがあります。着地時には、この三つのアーチがつぶれて余分な衝撃を吸収するのです。足裏全体で着地すると、三つのアーチがつぶれることでクッションとして機能してくれます。それに対して、かかとには硬い骨があるだけでアーチはありませんから、かかと着地をすると衝撃は足首や膝にダイレクトに伝わります。

ランニングシューズには、土踏まずのアーチを下から支えるようにサポートするモデルもありますが、それではアーチの自然なクッション作用が働かなくなりますのでマイナスです。土踏まずのアーチは、ラクに速く走るために生まれつき備わっている道具です。それをわざわざ封印する必要はありません。

◎――ランニングシューズはヒールカップが決め手

ランニングシューズはメーカーによって独特の個性があり、使っているラスト（足型）も異なります。片っ端から試し履きをして、自分の足に馴染みやすいものをチョイスします。

決め手はヒール。ヒールカップ（かかとを包む硬いカップ）とかかと両側の間に指が入るようでは、着地時にシューズのなかで足がブレます。「ちょっとかかとの左右の締めつけが窮屈かな」と思うくらいでちょうどいいと思います。

ヒールカップのフィット感はメーカーによってばらつきがありますし、同じメーカーでもモデルによって異なります。**両足を入れてシューレース（靴ひも）を結び、走るときと同じように前足部を屈曲させて、かかととシューズが離れないことを確認して買いましょう。**

入念に試し履きをしても、オーダーメイドではありませんから、完璧にフィットすることはないでしょう。少し大きいか小さいかのどちらかだと思います。その場合は少し大きめを選び、シューレースをタイトに締めてフィットさせます。

ぼくは500～600㎞を目安にシューズを新しいものに替えます。足裏全体で着地しているのでソールはまったくと言っていいほど減らないのですが、スポーツ

シューズはヒールカップのフィット感がポイント

メーカーの人と話してみるとランニングシューズの耐用距離はやはり500～600㎞だそうです。

みなさんも走行距離を記録して、500～600㎞を目途に交換することをお勧めします。古いシューズは普段履きや雨の日用に使えばいいでしょう。一見どこも傷んでいないように思えますが、見えない劣化が起こっているものです。

たとえば500㎞走ったシューズと新品とでシューレースの長さを比べると、古いシューズのほうが3㎝くらい長くなっています。シューズ内で足がずれないように、シューレースがしっかりとサポートした結果伸びるのです。おそらくアッパーの生地も伸びて緩くなっているので、シューズ内部で足が動くようになります。これでは着地時に地面からの反射による運動エネルギーをロスしますし、足指や土踏まずなどが無駄な動きを強いられます。

◎——シューズをフィットさせるためにウォームアップする

ぼくは普段の練習で、ウォームアップを長く行いません。走り始めのゆっくりランをウォームアップの代わりにすれば、練習時間を節約できるという理由からです。**しかし最近、走りだす前に軽く5分程度走るようになりました。これはカラダを温めるためのウォームアップではなく、シューズを足にフィットさせるためです。**

夕方になると足がむくんで大きくなるように、足の大きさは時間帯や体調によって変わります。そこで毎回、足にシューズをフィットさせる必要があります。また、走る前にシューレースを締めても、走りだしてからフィット感が変わることもあります。だから事前にちょっと走り、違和感がないかチェックするのです。

締めつけが強すぎたり、足が内部で遊んだりした場合、シューレースをもう一度締め直して調整します。

ランニングセミナーの参加者のシューズを触らせてもらうと、8割程度がシューレースの締め具合が緩い。おそらくシューズ内で足がブレています。

「シューレースをきつく締めて、もっとタイトに履けばいいのに」と助言すると、「甲が痛くなる」とか「きついのはイヤ」といった返事が返ってきます。

でも、シューレースを緩めにすると足とシューズが一体化せず、運動エネルギーをロスします。

緩いと気がついても、レース中はもちろん、タイムをはかる練習のときにはランニングの途中で立ち止まるわけにはいかないのでフィッティング用のウォームアップを行い、足とシューズが一体化するように調整するのです。

◎──腹筋を鍛える必要なし

ぼくはランニングのために腹筋を鍛える必要はないと思っています。

フルマラソンを走った翌日、脚の筋肉痛は起こるのに、お腹にはあまり筋肉痛は起こりません。ということは、無理のないフォームで走れば、腹筋はそれほど重要な役割を果たしていないのではないかと思うからです。

腹筋を使ったフォームでは、肩と骨盤が大きくブレないフォームが基本。そのために腹筋運動などで腹筋周辺の筋肉群を強化する必要もあるでしょう。

ぼくの考えでは、みぞおちを中心として肩と骨盤をスイングさせて走ります。肩を回すと惰性で反対側の骨盤が前に出て、脚が左右交互に踏み出せるのです。この方法だと強靱な腹筋をつくっておかなくても大丈夫です。

実際にチーム内でも、腹筋を中心とした筋肉群を推進力として上手く使えているメンバーは、100人中3人です。残念ながらそれ以外のメンバーは、腹筋の強化が走力アップにつながりにくいので、肩のローリングを利用して推進力を得るフォ

みぞおちを中心に肩と骨盤をスイングさせて走る

ームで走っています。**実は高橋尚子さんをはじめとする女子のトップ選手のほとんどは、腹筋に大きく頼らないローリング走法なのです。**

電車でつり革につかまらずに立っていられるだけの腹筋群があれば、ランニングに要求されるカラダのバランスを取る力は十分に備わっていると考えていいと思います。さらなるレベルアップのための腹筋群は、日々のランニングやあとで詳しく説明する「峠走」で十分強化、維持されます。

アイさんもどこで聞いたのか、最初の頃「腹筋を使って走るとラクだと聞いたのですが、自宅で腹筋運動をしなくてもいいのですか？」とぼくに尋ねてきたことがあります。

でも「腹筋の強化を意図的にしなくても速く走る方法を教えます。だって1日1000回も腹筋運動するのは嫌でしょ？」と言ったら、笑って納得してくれました。

ただし、**腹筋運動をやったからといってランニングに悪い影響が出るわけではないですから、現時点で習慣になっている人や、やらずにはいられない人はもちろんやってもいいと思います。**

ぼく自身も腹筋運動はやっていません。それはフルマラソンの6倍の距離を走っても、その翌日に腹筋の筋肉痛を感じなかったからです。

◎──LSDを無理に行う必要はない

多くの市民ランナーが大好きなトレーニングに「LSD」があります。

LSDとは、「ロング・スロー・ディスタンス」の略。長い距離をゆっくりと時間をかけて走るトレーニング法です。

日本でＬＳＤを広く提唱したのは、故・佐々木功さん。日本長距離界を代表するランナーの浅井えり子さんを長年指導した名コーチです。

佐々木さんは「ゆっくり走れば速くなる」をコンセプトに、それまであまり注目されてこなかったゆっくり走ることのメリットを広めました。

ゆっくり走ると、カラダの毛細血管が末端まで活性化されて、体脂肪をエネルギー源として燃やす能力も高くなります。体脂肪はランニングの重要なエネルギー源ですから、体脂肪を代謝する能力が上がることはマラソンにはプラスです。

佐々木さんの理論を発展させて、浅井さんはいまも「ゆっくり走れば速くなる」トレーニング法を全国で展開しています。

佐々木さんは、サブスリー狙いのエリートランナーにも、１㎞７分半から８分というスローペースで走ることを勧めていました。

これは練習を積んだ市民ランナーたちにとっては非常に遅いペースです。ＬＳＤは、通常よりもペースをうんと落としてはじめて、カラダの眠っている能力を引き出す効果があるのです。

しかし実際には、市民ランナーの多くは佐々木さんが提唱しているペースよりもずいぶん速いペース、1㎞6分から6分半でLSDを行っています。LSDの本当の効果を引き出すためには、もっとゆっくり走る必要があるのです。

◎――ゆっくり走ってケガをしないカラダをつくる

LSDはペースが遅いからラクですし、長い距離を走るので充実感もあります。それが市民ランナーがLSDを好む理由だと思いますが、市民ランナーは長時間のトレーニングはそうそうできません。

ぼくの指導は、「最小のトレーニングで最大限の効果を」が目標ですから、LSDを必須の練習には取り入れていません。

ぼくがLSDを勧めるのは、初心者や長いブランク後にランニングを再開した人がケガをしないためにカラダの土台をつくるときだけです。

走るためにはさまざまな要素が必要ですが（104ページ参照）、ベースとなる体力は「心肺機能」と「脚の筋力」です。

心肺機能とは、呼吸によって肺から取り入れた新鮮な酸素を血液によってカラダの隅々まで供給する機能です。心肺機能が高いと、酸素の助けを借りて運動エネルギーを効率よくつくることができます。

ランニングで脚の筋力が重要な理由は説明しなくてもわかると思います。

心肺機能と脚の筋力はランニングを続けると向上しますが、困ったことに両者は同時に、そして同様にレベルアップするわけではありません。

走り始めると、まず心肺機能が先にレベルアップします。脚の筋力がレベルアップしていないうちに、心肺機能の向上に合わせて調子よくペースを上げていくと、脚の筋力不足からケガにつながります。

ケガをして休み、治ってから再開しても、脚の筋力がつく前にペースを上げると同じことの繰り返しになります。この負のスパイラルを断ち切るために有効なのが、

ＬＳＤなのです。

ぼく自身はＬＳＤという言葉は使いませんが、要するに「ペースを上げずにゆっくり走る」練習です。これを5週間くらい続けると、脚の筋力が心肺機能に見合ったレベルまで追いついてくれます。そして、両者が足並みを揃えてからペースを上げていけば、ケガをしにくくなるのです。

◎――痩せたいなら朝ランがいい

ＬＳＤの目的の一つにダイエットがあります。スローペースで長時間走るＬＳＤは脂肪燃焼効果が高く、無駄な体脂肪を減らして体重を落とすのに最適のトレーニング法なのです。

体重を減らすと、より少ない運動エネルギーで移動できますからランニングには有利です。車の重量を減らすと燃費が上がるのと同じ理屈です。**一般的に体重が1**

kg減ると、フルマラソンのタイムが3分縮まると言われています。

体重を落とすために走るランナーにぼくが推奨しているのは、朝のランニング、〝朝ラン〟です。

ぼく自身の経験からも、朝ランはとても効果のある方法だと思います。レース前の減量期に行ったところ、思った以上に体重が落ちたのが朝ランに目覚めたきっかけです。

朝ランにかぎらず、朝運動をしておくと、1日中交感神経の活動レベルが高い状態が続きます。交感神経とは、内臓などの機能を自動的にコントロールしている自律神経の一種です。

交感神経はカラダを活動的に整える働きがあり、その活動レベルが高いと体脂肪の分解と消費を促す効果があります。朝ランで交感神経のスイッチをオンにすると、あとはその後のシャワーや朝食の準備、さらには通勤や仕事などで適度にカラダを動かしているだけで、普段よりもより多くの体脂肪が使われるのです。

朝ランを勧めると必ず聞かれるのは「朝食を食べてから走るのか、それとも食べる前に走るのか」ということ。

のちほど改めて触れますが、〝マラソンは食べるスポーツ〟です。運動エネルギーが不足しては、効率よく走れません。しかし、ただでさえ忙しいのに朝ランのために早起きして朝食をつくるのは手間がかかります。

ぼくの体験からいうと、朝ランは食べない空腹の状態で走れる程度の距離で十分。交感神経のスイッチを入れるだけなら、５分か10分走だけでＯＫなのです。

食事はしなくてもよいのですが、コップ１杯程度の水だけは飲んでから走るようにしましょう。寝ている間に汗をかいて水分が奪われているので、朝は気づかない間に水分不足になっているからです。

◎――ランニング後にストレッチをしてはいけない

ランニングにストレッチはつきものです。ランニング前には弾みをつけて筋肉を大きく動かす動的ストレッチ、ランニング後には反動をつけずに筋肉をゆっくり伸ばす静的ストレッチが欠かせないと言われています。

「ｃｌｕｂ ＭＹ☆ＳＴＡＲ」では、走りだす前にお尻の「大臀筋《だいでんきん》」や太もも後ろ側の「ハムストリング」という大きな筋肉、股関節の動的ストレッチを各々の判断でそれぞれ取り入れています。

走りのエンジンになっている大きな筋肉に対して「これからこういう動きをするよ」と事前に合図を送って、筋肉とそれを動かす神経の伝達をよくして走りをスムーズにするのが狙いです。

しかし、**ランニング後の静的ストレッチは基本的に行いません。なぜなら静的ストレッチがランニングに悪影響を与えることもあるからです。**

静的ストレッチでは、筋肉をゆっくり伸ばすのがポイントです。

筋肉には「筋紡錘《きんぼうすい》」、その末端である腱には「腱紡錘《けんぼうすい》」というセンサーがあり、筋肉と腱が伸びすぎて切れないようにその長さを監視しています。筋肉を急に伸ばそうとすると、このセンサーから発信された信号をキャッチした脳からの指令で、

ランニング後のストレッチは悪影響を与える

筋肉は切れないように反射的に縮みます。これを「伸張反射」といいます。

静的ストレッチではこの伸張反射が働かないようにゆっくりと筋肉を伸ばします。センサーの目をごまかすことで無理に筋肉をストレッチさせるのです。

顔をめがけて速いボールが飛んできたら、反射的に目をつぶりますよね。伸張反射にかぎらず、反射はカラダを守るために備えられた安全装置です。しかし、ゆっくりと目のボールを目に向けて近づけていくと、目の数ミリ前まで来ても目をつぶろうとする反応は起こりません。そのようにわざわざ安全装置を解除してまで筋肉を伸ばす必要があるとは、ぼくには思えません。

とくに走り終わった直後は、筋肉を構成している線維（筋線維）はダメージを受けてミクロのレベルで損傷しています。そんな傷だらけの筋肉を無理に伸ばすと、もっとたくさんの筋肉が損傷してしまうだけです。

また、静的ストレッチの目的の一つに硬く縮んだ筋肉を柔らかく伸ばすことがありますが、筋肉には適度な硬さがないと本来の機能が発揮できません。筋肉が必要以上に柔らかすぎたり伸びすぎたりしていると、運動のマイナスになるケースだってあるのです。筋肉にはゴムと同じような性質があり、短く縮めることができるほど大きな弾性パワーを発揮します。柔らかく伸びたままで短く縮められなくなると、筋肉が発揮できる弾性パワーは小さくなるのです。

ただし「速く走るためにストレッチはいらない」というだけで、ストレッチ自体を全否定しているわけではありません。

硬くこわばった筋肉を伸ばすのは単純に心地よいもの。ランニング直後でなく、お風呂上がりなどにコンディショニングを兼ねて習慣にするのもよいでしょう。ストレッチで左右の筋肉や関節の硬さの違い、体調の変化などもわかります。「club MY☆STAR」では、練習後のクールダウンもメンバーそれぞれの判断に任せています。ぼくがこういうと多くの人はびっくりします。

クールダウンは、ウォーキングなどで足の筋肉ポンプを動かし、運動の結果生じた老廃物や疲労物質を早く排出するのが目的です。

筋肉ポンプとは、ふくらはぎや太ももなどの下半身の筋肉が伸縮して静脈を圧迫し、上へ上へとリレー形式で血液を押し上げ、心臓よりも下にある静脈血を効率的に心臓へ還流させる仕組みです。

時間に余裕があるなら、ゆっくりクールダウンするのもアリだと思います。しかし、のんびりクールダウンする余裕がないランナーもいます。

また、練習で相当レベルまで追い込んだ脚には、かなりゆっくりのジョグでも大きな運動負荷となる場合もあります。そんな人に向かって杓子定規に「クールダウンをしろ」とは強制できませんし、実は現役ランナーであるぼく自身、行っていません。

走り終わったあとに着替えてすぐに寝ることはまずないでしょう。食事もするでしょうし、練習場所から家に戻るために電車に乗り、駅から家までも歩きます。わざわざウォーキングの時間をつくらなくても、筋肉ポンプを動かすチャンスは十分あるのです。それだけでも、老廃物や疲労物質はしっかり除去されるとぼくは思っています。

◎──マラソンは食べるスポーツである

「ランニングもマラソンも食べるスポーツである」

これもランニング界でぼくが言いだすまでは、あまり聞いたことがありませんでした。**速く走るには、ランナーはレース前もレース中もきちんと食べるべきなのです。**

これに気づいたのは、20年も前のことです。

ぼくは、高校時代こそ陸上部に所属していましたが、社会人になってからはランニングとは無縁の生活を送っていました。体重も70kgまで増えていました。そんなときに新聞で第20回の「ホノルルマラソン」の告知が目に留まり、15kg体重を落として参加しました。

久しぶりのレースが予想外に楽しめたので、翌年も妻を誘って参加。今度はゆっくりランナーの妻と並走したため、ゴールまで5時間51分を要しました。2倍くらい速いペースで走った前年は何とも思わなかったのに、このときは途中で歩きたくなるくらいとてもつらいレースになりました。

ところが25km地点で、誰かが落としたエナジーバーを拾ったのです。エナジーバーとは糖質を主成分とする携帯用のエネルギー補給食品です。**疲れていたぼくたちが藁にもすがる思いで拾って食べてみると、もうポパイのホウレンソウ並みの効果を発揮。**ついさっきまでは「もうここから歩こう」と息も絶え絶えだったのに、妻と2人でそこから一気にペースアップ、すごく元気にゴールできたのです。

この経験から「マラソンは食べるスポーツなんだ」と実感したのです。

◎——マラソンではゴールの5時間前に食べる

世の中のマラソン本の多くには「スタートの3時間前に食事を済ませましょう」と書いてあります。お腹に食べ物が残っていると走りにくいので、食べたものが消化されるまで3時間くらいは余裕をみておこうというわけです。

けれど、妻のように5時間かかるランナーがレース3時間前に食事を済ませてしまうと、その後8時間は何も食べないで走り続けることになります。

じっと座っているだけでも8時間食べないと空腹で我慢できなくなるのに、8時間何も食べずに走り続けるなんてまるで計算が成り立ちません。

スタートの3時間前でいいのは、2時間半を切るタイムでゴールできるエリートランナーだけ。エリートランナーはお腹がすく前にゴールするので、マラソン本には彼らの感覚で「食事はスタートの3時間前」と書いてあるのかもしれません。

速いランナーには遅いランナーの事情はわからない。その人が何時間かけてゴー

「食事はゴールタイムの５時間前」が目安

ルするかによって食事の時間は変わるのです。

ぼくが「ｃｌｕｂ ＭＹ☆ＳＴＡＲ」のメンバーに徹底しているのは、**「食事はゴールタイムの５時間前」**。３食の食間がちょうど5時間くらい。何も食べないで我慢できるのは、５時間が限度だと思うからです（より詳しい食事法は第６章で紹介しています）。

加えて、レース中もエネルギーゼリー飲料のようなエネルギー補給食品を食べることを勧めています。これはレース中の疲労感を防ぐためです。

カラダの基本的なエネルギー源は糖質

（ブドウ糖）と体脂肪ですが、食事をしないで運動を続けると糖質が先に足りなくなります。体脂肪は体内に何kgでも貯蔵できますが、糖質は最大でも５００ｇ程度しかためられないからです。

筋肉は糖質と体脂肪をどちらも使えますが、脳は糖質しかエネルギー源にできません。そこで体内の糖質が足りなくなり、血糖値（血液中のブドウ糖の濃度）が下がってくると、脳が「これ以上走って貴重な糖質を消費するのはやめてくれ」というサインを出します。それをカラダは疲労として感じます。

レース後半、ペースが上がらず疲れを感じたら、それは脳がガス欠を訴えている証拠でもあるのです。

◎——足裏の痛みは空腹のサイン

糖質が足りなくなると、足裏の痛みとして感じることがあります。

走っているときに地面と接しているのは、足の裏だけです。脳には〝ランニング＝足の裏の運動〟なので、走るのをやめさせるために、足の裏の痛みで知らせるのだとぼくは思っています。

レース後半の疲れや、とくに足裏の痛みは、エネルギー補給食品などで糖質を補給することで驚くほど簡単に解消されます。

たとえば、ぼくがよく利用しているエネルギー補給食品1個に含まれている糖質は40ｇくらい、１６０kcal程度。ランニングだと約３km分のエネルギーにすぎません。それでも疲れが吹き飛んで元気が出てくるのは、脳が「やっと糖質が入ってきた！」と満足してくれるからです。

また、エネルギー切れの限界のようなときに、ブドウ糖のように吸収が早い単糖類が一気に入ってきて血糖値を上げれば、脳としてはおにぎり10個分くらいの糖質が入ってきたと勘違いし、過剰に元気がみなぎるようにも思います。

なぜなら、このような状態で大量の単糖類が入ってきて血糖値が上昇した経験はほとんどなく、仮にあったとしてもおにぎりのでんぷんのような多糖類を限界を超えて食べた場合の記憶くらいでしょう。現実、おにぎり10個分であれば、単純にフルマラソン1回分のエネルギーとほぼ同じです。脳が喜び、元気になるのは当然といえば当然かもしれません。

ぼくはウルトラマラソンのレース中、実験的に空腹を感じたときにコンニャクを食べたことがあります。コンニャクは糖質もカロリーもほぼゼロですが、それでも急に気力が蘇りました。胃に固形物が入ったので「食事をしてくれた。糖質も含まれているに違いない」と脳が勘違いをしたのではないでしょうか。脳は簡単にウソをつくこともありますが、逆に簡単に騙されもします。

ただ、ガス欠の状態が続くと、最終的に脳はダウンします。

3年前、ぼくはこんな経験をしました。ウルトラマラソンの練習で、東京から箱根まで104㎞走った時点で、糖質が枯渇してガス欠を起こしたのです。ゴールまであと7・5㎞の地点で、荷物をサポートカーに全部預けて手ぶらの状態。いつもなら持っているはずのエネルギー補給食品もありません。

脚が止まり、もうこれ以上は走れないと思ったので、仲間が待っているゴールの箱根小涌園までバスに乗ろうと思いました。ポケットにあったのはわずか19円。19円ではバスに乗れないのに、脳が働かないので気づかなかったのです。しかも小涌園に行くべきなのに、気がつくとより近くにあった逆方面の小田原行きのバス停で待っている始末。

はっと我に返って通りの反対側にある小涌園行きのバス停で待ち、バスが来てドアが開いた瞬間、ようやく「19円ではバスに乗れない」という事実に気づきます。バスを諦めてまわりを見ると、自動販売機がありました。そして今度は「これで助かった！」と必死に19円を入れて飲み物を買おうとしました。むろん19円で買える飲み物などありません。

そのとき心配した仲間が逆走して迎えに来てくれて間一髪、最悪の事態は避けられました。クリームパンを買って食べた瞬間、突如元気になり、最後の7・5㎞を猛ダッシュで駆け抜けることができました。

みなさんもエネルギー切れには十分に気をつけてください。

第2章　岩本流「超」効率的ランニングフォーム

◎——腰高フォームを学びなおす

野生動物は、同一種ではみんな同じ効率的なフォームで走っています。狩りをする肉食動物にしても、狩りの対象となる草食動物にしても、効率のよいフォームで走らないと、弱肉強食の世界を生き抜けないのです。

狩猟採集の時代は、ヒトもみんな同じフォームで走って狩りをしていたことでしょう。ところがヒトは野生から切り離されて、全力で走らなくても食べ物が得られるようになりました。電車に乗り、エスカレーターやエレベーターに頼るようになり、本来の走りを忘れてしまいます。ですから、ランニングを始める前にフォームを学びなおす必要があります。

その第一のポイントになるのが腰高フォーム。腰を落とさずに高いポジションに保って走るのです。

初めてアイさんを見たとき、「この子は化けるかも」とピンときたのは、腰を高い位置に保って歩いていたからです。

腰高フォームとは、言い換えると上下動の少ないフォームです。マラソンや駅伝のレースをテレビで観ると、選手たちはほとんど上下動せずに走っています。

では、なぜ腰高フォームがよくて、腰の低いフォームが悪いのでしょうか。

わかりやすくたとえると、腰高フォームが縄跳びなら、腰低フォームはスクワット。膝の屈伸が比較的少ない縄跳びは、ロープに引っかからないかぎり、100回でも200回でも続けられます。でも腰を深く落とすスクワットは膝の屈伸が激しいので、100回どころか30回やるのだって大変です。

腰高フォームはカラダのほぼ真下に着地するので膝はほとんど曲がらず、カラダの沈み込みが少ないため、腰を終始高い位置に保てます。カラダの上下動が少なく、弾むように前に進めるのです。

腰低フォームで腰が落ちるのは、カラダの前で着地しているから。早めに着地した足の上にカラダが追いつくまでの間、カラダは沈み続け、1歩ごとに太ももの筋

腰高フォームはカラダの真下に着地、膝があまり曲がらない

肉を使ってカラダの沈み込みを抑え、さらにカラダを垂直方向へ持ち上げなくてはなりません。そのための筋肉が必要となり、さらにそのためのエネルギーを浪費することになるのです。スムーズなランニングの動きが損なわれ、理想的なフォームと比べて1歩ごとに無駄を積み上げていくことになります。これでは到底ペースも上がりませんし、腰高フォームと比べ、大変な重労働です。

自転車に乗る人には、こんな説明をすると、よりわかりやすいでしょう。

自転車でサドルの位置が低すぎると、膝の屈伸が大きくなりすぎて疲れます。サドルは膝が伸び切る寸前くらいまで高くしたほうが、ラクにペダリングが続けられます。上り坂になるとサドルからお尻を上げて立ち漕ぎをするのは、腰高のほうがラクに大きな力が出せるということをカラダが経験から知っているからなのです。

◎――骨盤前傾で自然に足裏着地する

骨盤の角度も重要です。アイさんは骨盤が始めからある程度、理想的な角度で前傾していました。骨盤が前傾すると背すじが伸び、腰高フォームが取りやすくなります。

お尻の穴を後ろに向けるように意識すると、骨盤は前傾します。イメージとしてはおへその延長線上が20〜30m先の地面をとらえるような感覚です。また、骨盤が前傾すると膝から下が空中動作後は前に出ないので、カラダの真下に足裏全体で着地しやすくなります。

骨盤を前傾させると前から引っ張られるようにずんずん進む

ぼくは〝骨盤の角度＝運動エネルギーの方向〟だと考えています。

骨盤が前傾した腰高フォームなら、カラダが前から引っ張られるようにずんずん前進していきます。

すると足裏全体での理想的な着地につながります。細かい話をすると、**カラダの真下よりもやや後ろ、角度にして10〜15度前後で着地するのがベストだとぼくは思っています。**

実際トップ選手の着地の瞬間を見ると、ほぼそのくらいの角度になっています。かかとからすねを結ぶラインが、膝よりも後ろに入っているのです。カラダが前へ前へと猛スピードで進んでいるので、真下に着地しても結果的にやや後ろで着地している感じになるわけです。するとスピードダウンにつながる余計なブレーキがかからないので、アクセルを踏みっぱなしで加速し続けられます。

反対に骨盤が後傾していると、体重が後ろに残り、カラダの前方で着地します。かかとからすねを結ぶラインが膝よりも前にあり、かかとからの着地になります。これが進行方向と反対に働く運動エネルギーを生み、ブレーキとなります。つまり、後ろに残ったカラダがオモリとなって一歩一歩後ろに引っ張られるという現象が起こります。ブレーキ、アクセル、ブレーキ、アクセルの繰り返しですから運動エネルギーのロスが非常に大きいのです。

また、足裏のアーチも使えないので余分な着地衝撃が足腰へのダメージとなり、後半の失速を招く怖れもあります。速くラクに長く、そして無駄なオモリ（筋肉）をつけないためには、骨盤を前傾させた腰高フォームが絶対条件です。

◎——背中で両腕を組んでフォームを矯正する

アイさんは、ランニングの常識にとらわれないまっさらな状態で「ｃｌｕｂ ＭＹ☆ＳＴＡＲ」に入ってきたので、教えたことを素直に聞いてくれるという意味では指導しやすいランナーでした。ことにランニングのフォームに関しては骨盤の前傾もすでにできていましたし、指導したことをそのまま実践してくれるので、矯正するのに悩んだ記憶はありません。

アフリカ系のマラソンランナーが典型的ですが、アイさんのように走り始めた段階ですでに骨盤が前傾していると骨格的にランニングに有利です。

では、そうでない人は、どうすればいいのでしょうか。心配しなくても大丈夫。**骨盤を一瞬で前傾させる方法があります。それは左右の肩甲骨を寄せることです。**

肩甲骨は、上背部で背骨の左右にある逆三角形の平らな骨です。さあ、肩甲骨を背骨に寄せてみてください。すると背すじが伸びて胸が張り、背骨がまっすぐになるはずです。同時に骨盤も前傾しています。

背中で両腕を組んで走ってみると腰高フォームになる

始めは調子よく腰高フォームを守って走っていても、途中疲れてくると腰が落ち、カラダの上下動が大きくなりますが、このテクニックは、走っている途中でフォームを矯正したいときにも大いに役に立ちます。

そんなときは**背中で両腕を組み、肩甲骨を寄せた状態で10秒ほど走ってみましょう。腰高フォームが戻ってきます。**腰が落ちるとうつむき加減になり視線も下がりますが、こうすると背すじが伸びて視点が高くなり、視界も明るくなってポジティブな気分で走ることができます。

肩甲骨を寄せると胸郭が開くので、苦しかった呼吸がラクになるというオマケの効果も期待できます。

◎——2軸でなく1軸で走る

歩くときは両足をまっすぐ前に出す2軸の動きです。腰幅の平行線上に沿って歩いていくイメージですね。歩くときは肩の回転を伴わず、骨盤も回転しませんから、2軸で歩くのが自然です。

しかし、**ランニングは1本のライン上に左右交互に着地する1軸走法が正解です。**人間の骨格は、歩行から走行へ移行すると自然にそうなるようにできています。歩行から走行に変わることで肩が回転して骨盤が左右交互に前に出ますから、無理なくストライドが伸びて1本の線上に着地します。

より正確にいうと、膝の最高地点の軌道を並べていくと一直線上になるのです。ファッションモデルがキャットウォーク（舞台通路）を歩くときに1軸なのは、彼

モデルのように1本のライン上を左右交互に着地する

らは走るときのように肩と骨盤をローリングさせて歩いているからです。

かつて世界屈指の天才マラソンランナーと言われた瀬古利彦さんが走っている映像を見ると、練習中に何かしらのライン上を好んで走っています。より推進力を感じられる術を本能的に知っていて、1本のラインに乗ることで、とかく方々へ放散しがちな運動エネルギーを前方向への推進力へと無意識に集めていたことが見てとれます。

1軸走法では、左右への重心の移動がないためカラダのブレが少なく、無駄なエネルギー消費のない走りができます。そもそも脚の骨格を見ると、脚のつけ根の股関節は骨盤の真下ではなく両サイドにあるため、両脚は平行線ではなくY型を描いています。骨格上からも1軸走法のほうが自然だとぼくは思います。

　それに対して2軸走法では、重心がジグザグを描くように左右へ蛇行するため、カラダの横方向へのブレが大きくなります。また、膝が左右に開くことで、スピードが増すほどに膝関節への負担も増し、故障するリスクが高まります。

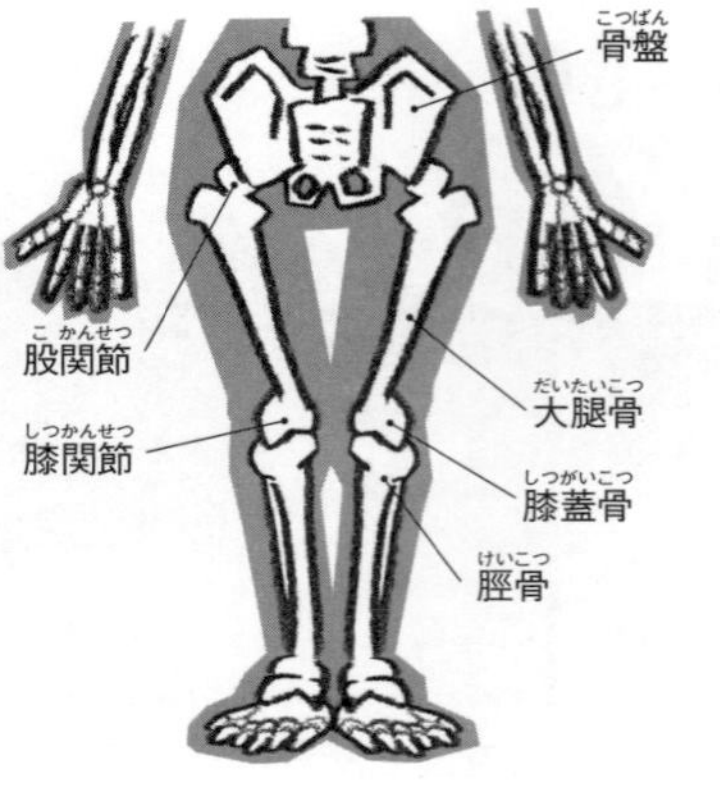

　カラダの横方向へのブレを抑えながらまっすぐ走るために、脚の筋肉を使って1歩ずつセンターラインへカラダの位置と運動エネルギーの方向を正面に修正する必要があります。これではエネルギーをロスしますから、効率のいい走り方ではありません。
　道路にあるラインの上を走ってみて、上から見て膝が左右に開いていないかチェックしてみましょう。膝が開いているほど、左右へのブレが大きい2軸走法になっている可能性があります。

ちなみに、2軸走法だとボディラインにも悪い影響が出てきます。

エアロビクスのインストラクターは均整の取れたボディをしていますが、脚が外側に肥大している人を多く目にします。それはエアロビクスのコリオ(振りつけ)では横方向へのステップが頻出するので、太ももも横方向に太くなるからです。

これと同じ理屈で2軸走法をしていると、ブレを修正するたびに太ももが鍛えられて左右に発達して太くなります。**「走ると太ももが太くなるからイヤ」という女性がいますが、それは2軸走法が原因の場合も多いのです。1軸走法なら太ももは左右ではなく前後に発達し、前から見ると細くなりやすいのです。**

トップ選手でも2軸走法をしているランナーは多くいますが、彼らは例外なく太ももの外側が肥大した、たくましい脚をしています。左右のブレを力で抑えつけるだけの筋力があれば、2軸走法でもスピードが出せるのだから、これはこれで間違っていないと思います。でも、それは相当な走り込みによるハードなトレーニングの賜物。市民ランナーは1軸走法を選んだほうが無難だとぼくは思います。

◎――足首を固定して走る

骨盤が後傾し、腰が低いフォームだと、かかとで着地するたびにカラダが沈み込みます。それを持ち上げるために、膝まわりの筋肉を使い、上方向への運動エネルギーを発生させてカラダを元に戻します。不要な上下動が多く効率の悪いフォームです。

着地時に地面から得られる運動エネルギーは、沈み込んだカラダを引き上げるために浪費されて、前方向への推進力には転用されません。ですから、失った推進力を再び得るために足首を返して地面を蹴る必要が出てきます。そのためにふくらはぎの筋肉が働き、結果的にふくらはぎが太く発達します。

足裏全体で着地すると、足首で蹴らなくても前に進みます。ぼくは「リリース」という表現を使いますが、足裏を地面に置くだけでカラダが勝手に地面からリリー

足首を固定してシューズの底が見えないような〝イメージ〟で

ス（解放）されて前へ進んでいきます。着地時の運動エネルギーを上手に利用すると、弾むように前へ前へと加速できるのです。

足首は角度を変えずにしっかり固定して、シューズの底を後ろのランナーに見せないようなイメージで走ります（実際には見えてしまいますが）。

足首の屈伸を繰り返すよりも、固定しっぱなしのほうがずっとラクです。

インソールを取り出してみて、指の形が残っていたら、シューズのサイズが大きすぎて足が動かないように踏ん張っているか、もしくはインソールをつかんで地面を蹴っている証拠。どちらもランニングにはマイ

ナスです。

「大地をつかめ」と推奨しているランニング本もありますが、前方向へのエネルギーを生む筋肉のなかで最少である足の指や土踏まずを使えと言っているようなものですから、気にせず、無視していいと思います。大きな仕事は大きな筋肉に任せるほうが正しい。**足は大地に置くだけでよいのです。**

◎——ふくらはぎを使わない

足首で地面を蹴るときに使われるのは、ふくらはぎの筋肉（下腿三頭筋）です。**トップランナーはみんな膝下がほっそりして、ふくらはぎに筋肉はあまりついていません。それは、彼らが地面を蹴っていないから。**反対にふくらはぎが太く地面を蹴るランナーほど、タイム短縮のためにより大きな努力を要しているようです。

「ｃｌｕｂ ＭＹ☆ＳＴＡＲ」のメンバーと神津島で合宿をした際、ふくらはぎを使うクセがある女性ランナーと、フルマラソンを2時間30分台で走る男性ランナーに同じ速度で並んで走ってもらい、砂浜に残った足跡を見比べてみました。

女性のランナーの足跡は乱れが大きく、砂をこねるようにキックしている様子が、深い足跡によってよくわかりました。

一方、男性ランナーの足跡は乱れが少なく、フラットで穴も浅い。足首で蹴っていない証拠です。2人のふくらはぎを見比べてみると、身長差が20㎝以上もあるにもかかわらず、身長が高い男性ランナーのふくらはぎのほうが細かったのです。

さらにこの合宿では新たな発見がありました。30分ほど浜辺を走った後、路上を走ると、メンバーが「すごくラクだ」と口々に言うのです。

30分も砂浜を走ると「ふくらはぎを使って蹴っていたら持たない」とカラダが気づいて、無意識にふくらはぎを使わないフォームに修正され、そのあと路上を走るとラクに感じるようになるのでしょう。

さらにこの発見で合点がいくことがありました。

みなさんは、正月の箱根駅伝や年末の全国高校駅伝の上位常連校の選手は、ふくらはぎが細いことにお気づきでしょうか。実は、それらのチームは、土踏まずやふくらはぎを使っていてはとても前へ進めないような不整地や砂浜での練習を日常的に行っているのです。つまりラクに走ろうとしているうちに、自然にふくらはぎを使わない走りを選手たちが身につけたわけです。

ただし、これはある程度長い時間砂浜を走って得られる効果です。砂浜では着地の衝撃が吸収されて運動エネルギーをロスします。そのため、短時間のランニングでは、ロスした運動エネルギーを補うために足首で蹴り上げる効率の悪い動きがインプットされてしまう危険性があります。

「ホノルルマラソン」では、その前日などにビーチランをする光景を目にしますが、短時間のランニングだと、ふくらはぎから足首、土踏まず、足の指など小さな筋肉を総動員しないと前に進めないと脳が判断してしまうため、本番では足首を使う効率の悪いフォームになり、失敗レースとなるケースも大いにありえます。

この点は誤解しないようにしてください。

ふくらはぎの筋肉を使わないとしたら、一体どこの筋肉を使って走るのがよいのでしょうか。

着地時の運動エネルギーを利用するとはいえ、自分の体重を前へ進めるわけですから当然筋肉の手助けが欠かせません。

ウォーキングと違い、ランニングでは両足が同時に着地するのはスタートとゴールだけ。走っている間は片足で全体重を支えます。

ですから、ふくらはぎのような小さな筋肉に頼って走ると、まっさきにその筋肉が音を上げ、すぐにバテてしまいます。手のひらを床につけて行う腕立て伏せと、指先を床につけて行う指立て伏せでは、見た目には同じ動きであっても、指立て伏せのほうが何倍もつらいのと同じ理屈です。

◎――大きな筋肉に仕事をさせる

腕立て伏せでは、胸の大胸筋や肩の三角筋という大きな筋肉が働きますが、指立て伏せでは指の小さな筋肉が働かなくてはなりません。

ランニングで頼るべきは、脚のつけ根にあるお尻の大臀筋《だいでんきん》、太もも後ろ側のハムストリングという大きな筋肉です。足首を固定してカラダの真下に着地した瞬間、地面から受け取った運動エネルギーをお尻とハムストリングで受け止めて、推進力に変えるのです。

脚のつけ根である股関節から先（下）には、お尻と太ももでつくった推進力を地面に伝える役目しかありません。末端が重いとカラダの負担になりますから、股関節から先（下）はできるだけ細く軽いほうが有利です。

これはランニングにかぎった話ではありません。たとえば、プロ野球のピッチャーであれば、手首や肘《ひじ》の力で投げる人はいません。手首や肘を使うピッチングは、俗に「手投げ」と言われて、避けるべきピッチングフォームの典型として取り上げられるほどです。

体幹の回転でつくったパワーを、腕のつけ根にあたる背中と肩の大きな筋肉を使ってボールに伝えます。肩から先の肘や手首は脱力してムチのようにしなりながら、

お尻や太ももの大きな筋肉を活用して走る

体幹と肩のエネルギーをボールに伝えているのです。

ボールをコントロールしているのは指先や手のひらであるにもかかわらず、優れたピッチャーを表現するのに、ボールからもっとも遠いところにある「肩」がいい、という表現が使われるのは、文字通り「小手先」ではなく、大きな仕事を大きな筋肉で上手く行っているということを言い表しているのです。

ランナーのみなさんならよく知っている双子のタレント、アン☆ドゥのＳＡＴＯＭＩさん。実は仕事でマラソンに取り組み始めた頃から、どんどん脚が太くなっていったそうです。

「脚が太くなるのは頑張っている証拠。また少し本物のランナーに近づいた」とたくましくなっていく脚を見ながら自分を納得させていたそうです。

「ｃｌｕｂ ＭＹ☆ＳＴＡＲ」の練習に合流した当初、ＳＡＴＯＭＩさんは「なぜこのチームのメンバーは、みんな脚が細いんだろう」と思ったと言います。

ぼくは「筋肉は必要なところに必要な量しかつかない」ことと「大きな仕事は大きな筋肉にさせる」こと、つまり腰高でふくらはぎや足首、足の指を使わないフォームがもっとも効率的な走り方であり、それを実践しているメンバーたちの脚が細い理由だと教えました。

彼女はこれにヨガの要素を取り入れ、独自のエクササイズを開発。その後のタイム短縮と美脚への変貌は目覚ましく、フルマラソンのベストは3時間17分。いまではぼくのメソッドをベースにＳＡＴＯＭＩさんのエクササイズを融合させた『美脚ＲＵＮ！』という本を上梓するほどの快速&美脚ランナーになっています。

◎――トレッドミルで理想のフォームをつくる

スポーツクラブなどにあるトレッドミル（ランニングマシン）は、正しいフォームを身につけるのに最適のマシンです。

一般的に、回転するベルトの上を走るトレッドミルと実際のランニングでは動きが異なるので、フォームづくりには向かないとされています。しかし、実際は正反対。ベルトが回転してくれるからこそ、トレッドミルでは蹴る必要がありませんから、ふくらはぎではなく、お尻や太もも後ろ側のハムストリングを使って走る理想的なフォームを自然とマスターできるのです。

トレッドミルで走る場合は、傾斜をつけないのがポイントです。傾斜をつけると足首で蹴ろうとするからです。

「club MY☆STAR」に、48時間走の女性の世界記録を持つ稲垣寿美恵さんというメンバーがいます。48時間走とは48時間で何km走れるかを競うレースですが、彼女の持つ世界記録は397㎞です。

彼女の仕事はエアロビクスのインストラクターです。ほぼ1日中スポーツクラブに缶詰状態なので、ランニングはトレッドミルを使う機会が多く、足首を固定して蹴らない理想の走りを自然と身につけ、世界記録を樹立したのです。

ちなみに彼女は、股関節から先が細くて美しいランナーの脚をしています。

暑い夏や雨が続く梅雨時などは無理して外を走らず、空調の効いた快適なスポーツクラブのトレッドミルで走ってみてください。

◎──肘を横に振ってリズムをつくる

両腕はコントロールできる範囲で、大きく振りましょう。

腕を大きく振ると肩が回り、つられるように骨盤が回って脚が勝手に前に出ます。

4本足の動物は前脚のリードで走りますが、その基本原理は直立2足歩行でも不変。

肘を少し横に開きスイングさせて走る

走りのリズムは腕がつくるのです。

両腕と両脚がタイヤだとしたら、シャフト（軸）にあたるのが背骨。両腕の運動は、背骨を介して両脚に伝わります。腕のストロークが大きくなると脚のストライドも大きくなり、自然に1軸走法が行えるのです。

試しに腕を振らずに走ってみてください。ストライドはまったく伸びませんし、骨盤が回らないので2軸走法になってしまうはずです。

「肘を後ろに引け」という指導を耳にしますが、もちろん間違っていません。肘を後ろに引くと重心が前に移って加速しやすくなりますし、肩甲骨が寄せられて骨盤が前傾しやすくなるからです。

肘は真後ろではなく、少し横に開いて引くと、肘から先の重さによる遠心力で腕を大きくスイングしやすくなります。「脇を締めないと腕の振りが甘くなる」という教えもありますが、ぼくはむしろ脇を開いて横に引くほうが自然だと思います。

◎——肘を開いてバランスを取る

腕の振りにはもう一つ重要な役割があります。

ランニングは片足着地の連続ですから、重心がブレて姿勢が不安定になりがちです。それを安定させるのが両腕です。

動物には、重心をぶらさずに姿勢を安定させるため、しっぽが発達しているものがあります。牛のしっぽは短いですが、チーターや馬のように速く移動する動物の多くは、長く立派なしっぽを持っています。人間にはしっぽはありませんから、その代わりに腕がバランスを取るのです。

通勤時にリュックを背負ってランニングをする人もいますが、リュックを背負って走ると腕の位置は自然に下がります。

リュックという重みが背中に加わると、本来は骨盤あたりにある重心が上方向へ引き上げられます。重心が地面から遠くなるほどアンバランスになりますから、腕を下げることで重心を低くし、姿勢が安定するように無意識に調整するのです。ちなみに腕は片腕で2〜3kgの重さがあります。

下り坂を走るのが上手なランナーは、下り坂では必ず腕を低い位置に落として振っています。下り坂では、次の1歩がつねに前の着地点よりも低いわけですから、重心が相対的に高くなったまま走り続けることになります。その不安定感を少しでも和らげるために、腕を低い位置に下げて重心を低くしようとするのです。

肘を横に開いて引くとバランス感の向上にもつながります。

狭い平均台の上をまっすぐ歩こうとすると、誰でも両腕を横に開いて落ちないようにバランスを取ろうとしますが、それと同じで肘を横に開いてスイングすると、ボディバランスを高める効果があります。

「ボディバランスを整えるのは腹筋まわりの筋肉群の役割」という教えもあります。確かにそうかもしれませんが、片足立ちの連続であるランニングで姿勢をバランスよくキープする腹筋群の筋力をつけるには、相当ハードなトレーニングが必要です。

かぎられた時間をランニングに集中したいのであれば、それ以外のトレーニングに時間を割くことなく、肘を横に開いて走ることでバランスを取るほうが、ずっと効率的だとぼくは思います。

また、腕立て伏せはもちろん、雑巾をしぼったり大根をおろしたりする動作も腕を体側につけて脇を締めるのではなく、脇を開いたほうがはるかにチカラを出しやすく、ラクなのはみなさんも経験上理解できるでしょう。

第3章　岩本流ビルドアップ走でみるみる速くなる

◎――岩本流ビルドアップ走で走力を底上げする

ランニングフォームのツボを押さえたところで、いよいよ速くなるための練習法を紹介します。

ランニングの練習には、陸上競技でいう「ポイント練習」と「つなぎ練習」の二つがあります。**ポイント練習は走力を底上げするために行う〝頑張る練習〟、つなぎ練習は走力を落とさないために行う〝頑張らなくてもよい練習〟です。**

「club MY☆STAR」で行うポイント練習、つまり頑張る練習の柱は、「**ビルドアップ走**」と「**峠走**」です。それぞれを週1回ずつ行います。

峠走は山でのトレーニングなので時間に余裕のある週末に、ビルドアップ走は水曜日に皇居で行っています。水曜日をノー残業デーに指定している職場も多く、比較的練習に参加しやすいからです。

それ以外、週2〜3回はペースを気にせずにつなぎ練習をします。つなぎ練習は30分も走れば十分。もっと走りたい人は60分でも90分でも走って構いませんが、速く走りすぎないようにします。ここで疲れてしまっては、肝心のポイント練習で質の高いトレーニングができないからです。つなぎ練習は疲労がたまらない程度に走り、走力の維持を優先させます。

この章では、まずビルドアップ走について詳しくお話しします。峠走については、次章で説明します。

ビルドアップ走は、徐々に走るスピードを上げていく練習法です。

ゆっくりスタートしますから、カラダに対する負担が少ないのが特徴。忙しくて練習時間が取れない社会人にとっては、事前のウォームアップが不要なので時間の節約にもなります。「最初はゆっくりでいいんだ」と思うと、メンタル的にも気楽です。

走っているうちに毛細血管に血が通い、関節がほぐれてダイナミックな動きができるようになります。「今日は調子が悪い」と思っている日でも、スローペースで入ると確実に調子を上げられます。

最終的には走力の限界に近いレベルまでペースを上げるので、フルマラソンに重要な心肺機能（45ページ参照）を鍛えることができます。

走り始めのスローペースのまま最後まで走り切ったとしても、結果的に余力を残して練習を終えてしまいます。こんな練習をいくら続けても「毎日頑張っているのに全然速くならない」という壁にぶちあたるだけです。

サボらずに練習をしているのにペースが上がらない、タイムが縮まらないという人は、いつも同じペースで走っていませんか？　そんな人は、ぜひビルドアップ走を取り入れてみてください。

◎——５㎞単位でビルドアップする

岩本流ビルドアップ走は５㎞が基本単位。５㎞ごとにペースを上げて計15㎞走り

ます。ただし、初めてビルドアップ走に挑戦する人は、前半の５㎞を鼻呼吸でも苦しくならない程度のスローペース、後半５㎞は前半５㎞より１〜２分早くなるペースで計10㎞走ることから始めてみましょう。

これならジョギングよりもやや速いくらいですから、ビギナーでも負担なく行えます。

コンスタントに後半５㎞を27分で走れるようになったら、15㎞に距離を延ばしてみましょう。最初の５㎞を28分、次の５㎞を27分、最後の５㎞は27分を切るタイムを設定して、これを毎回クリアできるように努力します。

「ｃｌｕｂ ＭＹ☆ＳＴＡＲ」のビルドアップ走は、１周５㎞の皇居で行います。２月に入会して初めてのビルドアップ走の日、アイさんは最初の５㎞を27分ペースで入るグループに入り、いきなり15㎞のビルドアップ走にチャレンジしました。

通常なら１周目27分→２周目26分→３周目24分半とビルドアップしますが、この日は「２周目も27分で行ってほしい」という声が多く、変則的に27分→27分→25分半というビルドアップにしていました。

アイさんはこの日、ゴルフ用のウインドブレーカーを着ていました。ランニング用のウインドブレーカーは通気性があるので、走っているうちにカラダが温まっても暑くはありません。でも、彼女が着ていたゴルフ用のウインドブレーカーには通気性がなく、1周目を走り終えたときには暑くて相当苦しそうでした。2周目はメンバーのアドバイスでフロントのジッパーを開けて走り、調子がよくなったようです。

それでも初体験のビルドアップ走はつらかったのでしょう。15km走った後は地面にへたりこんで肩で荒い息をしていました。

これまで1日2箱以上タバコを吸うヘビースモーカーだったアイさんは「このときタバコをやめる決心をした」といいます。何度チャレンジしてもやめられなかったのに、走りだしたことでラクに禁煙できたそうです。

ビルドアップ走はスピードアップして終わるので、イーブンペースで終わるよりも達成感が大きいという心理的なメリットもあります。毎回「今日もよく頑張った！」と思えるので、次の練習にも意欲が湧くのです。

地図をクリックして距離を測定する「キョリ測」
www.mapion.co.jp/route

ただし、スピードを上げようと無理をすると、ふくらはぎを使って蹴る悪い動きが出てくる場合があります。そんなときは69ページで紹介したように、両腕を背中で組んで肩甲骨を寄せて10秒くらい走ってみましょう。腰高フォームに矯正されて、胸が広がって呼吸もラクになります。

インターネットには、マップを線で結ぶと距離を計算してくれるサイトがいくつかありますから、自宅周辺などでオリジナルの5㎞コースをつくってみましょう。

もちろん周回コースでなくても大丈夫。たとえば、ストップ&ゴーのない河川敷コースなら、出発点から上流か下流に2・5

km走り、折り返して戻ってきます。これを3回繰り返せば5km×3のビルドアップ走になります。

5kmがベストですが、3kmのコースを5周したり、4kmのコースを4周（これだと16kmですね）したりして、ビルドアップ走を取り入れているランナーもいます。

◎──目標タイムを毎週設定する

ビルドアップ走では、週ごとに目標タイムを決めて取り組みます。

一度決めた目標は、体調や天候にかかわらず、最大限に頑張ってクリアしてください。「昨晩飲みすぎたから」「今日は暑いから」と言い訳を挙げだしたら、きりがありません。レース直前に体調が落ちたり、レース当日が悪天候になったりするケースもあるのですから、日頃からどんな状況でも実力を出せるようにトレーニングしておくことも本番で活きてきます。

目標タイムは、フルマラソンの目標タイム（ペース）から決めます。

サブフォーを目指すなら5㎞28分ペース。ビルドアップ走の設定は、初めの5㎞28分→次の5㎞27分→最後の5㎞25分半となります。これを本番の10日前に達成できたらサブフォーはかなりの確率で達成可能です。

ビルドアップ走では、最初の5㎞のタイムから次の5㎞は1分短縮→最後の5㎞は1分半短縮というのは、どのペースでも変わりません。

目標タイムが3時間30分なら、25分→24分→22分半、3時間15分なら23分→22分→20分半という具合です。

初めてのビルドアップ走でへたり込んだアイさんは9ヵ月後、23分→22分→20分半をクリアして、3時間13分でフルマラソンを完走しました。

「club MY☆STAR」のビルドアップ走では、ペースメーカーを必ずつけます。最初は5㎞ごとに1分短縮して練習していましたが、最後の5㎞でペースメーカーを追い抜くランナーが続出するようになり、いつの間にかペースメーカーが毎回ビリでゴールするようになりました。

そこで最後の5㎞を1分半短縮するように修正したら、メンバーの走力がめきめきと上がるようになり「これだ！」と定着したのです。

◎——最適のタイミングで設定タイムを短縮する

ビルドアップ走は、いつまでも同じタイムで練習をしていても、走力は上がりません。設定タイムをクリアしたら、設定タイムを短縮するようにしましょう。

設定タイムを短縮するタイミングは、臨機応変でいいと思います。

「ｃｌｕｂ ＭＹ☆ＳＴＡＲ」でも何事にも慎重で石橋を叩いて渡るタイプは、３週連続してクリアしてからようやく設定タイムを１分縮めたりします。反対に勝ち気で調子に乗りやすいタイプは一度クリアすると次々とタイムを縮めたがります。

アイさんは後者。そして後者のほうが短期間で速くなる傾向がある半面、数字に固執しすぎてタイムに対して一喜一憂してしまう傾向も強くなります。

「club MY☆STAR」のメンバーは、ビルドアップ走を行う水曜日は本番のレース並みに気合が入っています。

とくにレースが近づいてきたらぼくは、メンバーに「水曜日のために残りの6日があると思ってください」と伝えます。「1週間の練習で水曜日がメインステージだから、そこに向けてコンディションを整えましょう」と。

自分の走力の限界にチャレンジしようと設定タイムを短縮すると、クリアできないこともあります。でも、悲観することはありません。それでもちゃんと練習になっています。

28分→27分ときて、本当は25分半で終わりたいのに、27分で終わったとします。2周目と3周目の5㎞のタイムは同じですが、2周目の27分と3周目の27分では、もちろん後者のほうが体力的にきつい。同じ27分でも、実質的にはビルドアップになっていますから、確実にチカラになっているのです。

◎――ゆっくり入ってペースを上げる

マラソンのレースマネジメントでもっとも大切なものは突き詰めると、「決めたペースを守ること」。そしてマラソン初心者が大の苦手なのが、その一定ペースを守るペースメイクです。

スタートしたら「ペースが遅い」「速すぎる」などとアドバイスしてくれる人はいません。頼りになるのはランニングウォッチだけ。５㎞ごとにラップを取り、想定ペースで走っているかどうかを確認しながら走ります。

初心者がサブフォーを目指すとしましょう。５㎞28分ペースでＯＫなのに、大半は26分とか25分のオーバーペースで走り始めます。レース本番を迎えると誰でも緊張しますし、まわりのランナーがすごいスピードで飛び出していくので、我を忘れて実力以上のスピードで飛ばしてしまうのです。そこでエネルギーを浪費して、後半は失速して失敗レースになるケースは本当にたくさんあります。

ビルドアップ走を習慣にしていると、ゆっくり入ってペースを上げていく感覚が

カラダにしみ込みます。ですから、本番でも前半に飛ばして失速する危険がなくなり、オーバーペースに陥らずに済みます。

このように初心者が不得意なレースマネジメントの技術が、普段の練習で身につくのもビルドアップ走の利点です。

◎——サボりたくなったらサボっていい

ビルドアップ走は毎回が真剣勝負ですから、「今日はパスしようかな」と思う日もあります。そんなときは勇気を持って休みましょう。

つなぎ練習を怠らなければ、一度や二度ビルドアップ走を休んだくらいで走力がガクンと落ちる心配はありません。

「皇居まで来るには来たのですが、今日はどうも気分が乗らない」とぼくに相談に来るメンバーもいます。そういうメンバーは、内心休んだほうがいいことは自分でわかっているのです。けれど、誰かに「休んでいいよ」と肯定してもらわないと心理的につらい。だから、ぼくが休養を肯定してあげます。休んだり軽いメニューにするのも練習のうち。胸を張って堂々と休めばいいのです。休んだことに対する罪悪感や「自分だけ取り残された」という疎外感を持たないことが大切です。

ぼく自身、こんな経験があります。

あるときウルトラマラソンの練習で小田原から東京まで90㎞走ろうと思い、電車に乗って小田原まで行き、走り始めました。ところが走り始めてわずか10㎞のところで「今日はなんだか調子が出ない」と感じてリタイア。JR二宮駅から東海道本線の電車に乗って東京まで戻ってきました。

その翌日、「これは何かのサインだ」と思って病院で血液検査を受けたら、肝機能の数値に異常があり、軽い貧血状態でした。

「気分が乗らない」「調子が出ない」というのは、カラダからのメッセージである場合が少なくありません。そんなときは思い切って練習を休むことも大切です。

第4章　「峠走」でランニングの4要素を一気に鍛える

◎——峠走のメリットを知る

「ｃｌｕｂ ＭＹ☆ＳＴＡＲ」が積極的に取り入れている練習法が、週末に行う「峠走」です。

峠走などというと、トレイルランニングと混同されてしまいそうですが、まったくの別物。トレイルランニングはオフロードの山道を走りますが、峠走はアスファルトのオンロードで峠を上り下りします。

「ｃｌｕｂ ＭＹ☆ＳＴＡＲ」の峠走の舞台は、神奈川県足柄上郡山北町を通る足柄峠。神奈川県と静岡県の県境にある峠です。往路13㎞をひたすら上り、頂上についたらUターンして復路13㎞を駆け下ります。

峠走を行う理由は、ランニングに必要な４要素（推進力、心肺機能、フォーム、着地筋）を鍛えるのに最適だからです。

坂道で推進力、心肺機能、フォーム、着地筋を鍛える

これまでに紹介したフォームの矯正やビルドアップ走の組み合わせでも、この4要素は鍛えられます。しかし、峠走（坂道走）なら一度にこの4要素がバランスよく鍛えられるのです。

一般にレース前のポイント練習としてよく行われるのは30km走です。30km走もよい練習法だと思いますが、4要素のもっとも弱い部分が、他の3要素の足を引っ張るという欠点があります。

たとえば、他の3要素と比べて心肺機能が弱点だとしましょう。すると心肺機能の限界が、推進力、フォーム、着地筋の限界よりも先に訪れます。これによって心肺機能以外の3要素を追い込めないうちにトレーニングが終わってしまいます。

峠走では、上りで推進力と心肺機能、下りでフォームと着地筋がバランスよく鍛えられます。言い換えると、上りではフォームと着地筋に負担はかかりませんし、下りでは推進力と心肺機能に負担がかかりません。

上り・下りと2分割することで、片方を追い込んでいるときは片方が休んでいるため、4要素をそれぞれ効率よく追い込める〝密度の高い練習〟ができるのです。

◎――片道13㎞の坂道を往復する

峠走のスタート地点は標高約110mの山北町健康福祉センターです。ここに町営温泉「さくらの湯」があり、ぼくたちはここをランニングステーション代わりに使わせてもらっています。

発汗で失う水分を補うために、途中にある自動販売機で飲み物を買えるように小銭も準備します。後半の下りでエネルギー切れを起こさないように、練習前におにぎりなどで糖質を補給しておきます。下りはスピードが出て給水しにくくなるので、上りのうちにこまめに水分を補給します。

フルマラソンで3時間半切りを狙うランナーなら、上りは1㎞6分ペースで目安です。背すじを伸ばしてお尻の大臀筋と太もも後ろ側のハムストリングを意識。背中が丸まって腰が引けたり、蹴り足の足首が90度以上または以下になっていたりしたら、ふくはらぎを使って蹴っているサイン。フォームをリセットしましょう。

心拍数は1分間に170拍以上に上がります。つらいので歩きたくなりますが、ここが踏ん張りどころ。多少歩いても推進力と心肺機能は鍛えられますが「歩いてしまった」という罪悪感が残るので、ペースをうんと落としてもいいので走り通すように努力します。

峠の頂上は足柄万葉公園。標高約740mです。晴れた日には富士山の雄大な景色が楽しめます。給水してひと休みしたら、上ってきた道を下ります。

下りは1㎞4分前後までペースアップします。腕は肘から先を下げて重心を安定

させて、かかとではなく足裏全体で着地します。「バンバンバン」と着地のたびに大きな音が響くぐらいが正解です。

体調に合わせて下り坂だけ走りに来るメンバーもいます。上まで路線バスで行って走って下りてくるのです。とくにレース直前は、下り坂で着地筋を刺激するだけでも効果絶大です（173ページ参照）。

フルマラソンを3時間半で走るランナーなら往復2時間20分くらい。あとは「さくらの湯」の炭酸カルシウム温泉でカラダを休めます。峠走にかぎらず、ゴールに温泉のようなご褒美を用意しておくと、厳しい練習も楽しめます。

峠走は月に一度行うだけでも効果のあるトレーニングです。近くに峠がないランナーもいると思いますが、少し遠出してでも体験してみてください。どうしても長い坂道が見つからない場合、片道2～3㎞の坂道を3～4回往復する練習をすると、峠走に近い成果を得られます。

上り坂で強化されるのは、推進力と心肺機能です。1km6~7分ペースで上ったとしても、推進力と心肺機能には平地の1km4~5分程度の負荷がかかることになります。

◎——上りで推進力と心肺機能を鍛える

上り坂を走るのは平地よりも負荷が強いので、ランニングの推進力を生み出しているお尻の大臀筋と太もも後ろ側のハムストリングが強化されます。

筋肉に平常よりも強い負荷がかかると、内部に乳酸がたまります。運動のエネルギー源は糖質と体脂肪ですが、運動の強度が上がるほど、糖質を使う割合が高くなります。そして糖質をたくさん使うと、その代謝物である乳酸が筋肉内にたまります。乳酸もエネルギー源として代謝されますが、代謝が間に合わず、乳酸がたまるのは、強度の高い運動をしている証拠。脳はそれを感知して「そんな運動はやめなさい」というメッセージを送ります。そのメッセージが疲労感なのです。

上り坂で負荷を上げると、平地よりも筋肉内にたまる乳酸の量が増えてきます。

最初はつらいのですが、何度か続けるうちに乳酸の代謝力が上がり、脳も「これくらいなら平気かもしれない」と思うようになり、ストップ指令を出すタイミングを遅らせるようになります。乳酸に耐える力がつくとレース中につらくなっても、お尻と太もも後ろ側のハムストリングが頑張り続けて粘りのある走りができるのです。

心肺機能についてはどうでしょう。

心肺機能は、心臓をフル回転させて心拍数をあるレベル以上にすることで向上します。運動不足だと、駅の階段を上がるだけでも、胸がドキドキして心拍数が上がります。同じように峠を上り続けると心拍数が跳ね上がります。それに耐えて上り続けると、全身に血液と酸素を送り届ける心肺機能が高まります。

平地で心肺機能を高めるには、スピードを上げるしかありません。スピードを上げると着地衝撃も大きくなり、心拍数を上げて心臓をフル回転させる前に、脚の筋肉が先にバテて練習が続けられなくなります。**その点上り坂なら、スピードを出さなくても心拍数を上げられるので、脚に負担をかけることなく心肺機能を向上させる効果を得られるのです。**

上り坂では、少しカラダを前傾させて、肘を後ろにテンポよく引きながらリズムをつくります。地面は決して蹴らないこと。推進力の元であるお尻とハムストリングを使うように意識してください。

腰が落ちて引けていたり、足首が90度よりも狭く曲がっていたりするのは、ふくらはぎの筋肉で足首を返して蹴る悪いフォームになっている証拠。目線をしっかり前に向け、足首を固定して上り続けましょう。

◎――下り坂でフォームを改善する

自転車で坂道を下るときは、ペダルを踏まなくても勝手に進みます。それと同じで峠の下りを走るときは推進力も心肺機能にも負担はかかりません。上りで酷使されたこの2要素は休んでいればよく、ただ重力に任せて下ります。ですから、残りの2要素、フォームと着地筋が集中して強化されるのです。

下り坂を全速力で走ることでフォームが改善する

一つめはフォームの改善です。**スピードが出る下りでは、悪いフォームで走っていられないので、確実に効率的なフォームに矯正されます。**

車のホイールバランスが微妙に崩れて車輪が完璧に同心円でまわっていなくても、低速だとさほど違和感がありません。けれど、高速道路に乗り、スピードを出すと車のブレが感じられるので、「あ、ホイールバランスを直さなくては」と気づきます。ランニングでも下りでスピードアップすると、平地のスピードでは見すごしていたフォームの弱点が自覚できて、知らず知らずのうちに矯正することができます。

何よりも避けるべきかかと着地で下ると、どんなに鈍感な人でも1歩ごとにブレーキがかかっているのがはっきりと体感できます。またまた車のたとえで恐縮ですが、ギアを2速にしてエンジンブレーキをかけたような〝カックンカックン〟がずっと続きます。

これではつらいので、足裏全体で着地するフォームに必然的に矯正されます。また、下りでは推進力が不要なので、ふくらはぎの筋肉で地面を蹴る悪いフォームも改善されます。

さらに下り坂ではピッチが上がり、ストライドも広がります。その感覚をカラダにインプットしておくと、平地でペースを上げるフォームづくりにつながります。「ｃｌｕｂ ＭＹ☆ＳＴＡＲ」のメンバーも、何回か峠走を行うと平地でのフォームが劇的に改善されます。下り坂が怖い人は、腰は落とさず肘から腕を下げて重心を落とすと安定感が出て怖くなくなります。

◎——下り坂で着地筋を鍛える

下り坂で強化されるもう一つの要素が着地筋です。着地筋というのはぼくの造語で、読んで字のごとく着地のときに働く脚の筋肉です。**着地筋とは、具体的にいうと、太もも前側の筋肉「大腿四頭筋」です。**

大腿四頭筋は着地直前に収縮して着地の衝撃を受け止め、膝関節を守っています。膝が曲がらないようにすることでカラダの無駄な沈み込みを抑え、腰高フォームを保つ役割も担っています。

初めてフルマラソンを走ったランナーは、口を揃えて「最後がきつかった」と言います。「どこがいちばんきつかった?」と尋ねると「脚にきました」という答えが大半です。

突発的なトラブルや故障などを除くと、**レース後半できつくなるのは脚の筋肉が着地に耐えられなくなるから。これが「30㎞の壁」「35㎞の壁」と呼ばれる急な失速の原因の一つだとぼくは考えています。**

坂道で大腿四頭筋を鍛えて「30(35)㎞の壁」をなくす

走るときに大腿四頭筋のつけ根がある股関節の外側に手のひらをあててみてください。すると着地の直前に、着地に備えて収縮している様子がわかります。

階段を下りるときも、1段ごとに大腿四頭筋が事前に収縮して衝撃に備えて、膝関節を守っています。階段の下りでうっかりして最後の1段に気づかなかった場合、足を下ろした瞬間大きな衝撃を感じて驚いた経験はありませんか？　大腿四頭筋が事前に収縮していなかったため、膝に大きなショックが加わるのです。

マラソン出場者にレースの翌日、「階段の上りと下りではどっちがつらい？」と尋ねると、ほとんどの人が「下りです」と答えます。大腿四頭筋に着地のダメージが残っているから、翌日になっても階段の下りがつらいのです。

マラソンや駅伝のテレビ中継で、後半ペースが落ちてきたランナーの様子を見て、解説者が「脚にきましたね。ストライドが縮みました」とよく言います。ストライドが縮まるのは、推進力のエネルギーが弱くなったこと以外にも、ストライドを伸ばすと着地衝撃が強すぎるので、その痛みを避けるための無意識の防衛本能でもあるのです。

◎——着地筋にダメージを与えて「超回復」させる

峠走の下りでは、平地より大きな着地衝撃が加わります。それによってレース後半まで衝撃に耐え続ける強い大腿四頭筋ができ上がるのです。

筋肉を発達させるには、強めの負荷をかけて、筋肉を構成する筋線維をミクロのレベルでダメージを与える必要があります。峠走の翌日筋肉痛が出るのは、筋肉の破壊が起こっている証拠です。

休息すると、ダメージを受けた筋線維が修復されます。そのとき筋肉は、次にまた強い負荷が来ても耐えられるように、確実に強くなっています。これが「超回復」と呼ばれる筋肉独自の現象です。超回復のタイミングで次のトレーニングを行うと筋肉は右肩上がりに成長します。この超回復の原理で、下り坂では筋力トレーニングを行ったように大腿四頭筋が発達するのです。

峠走を初めて行ったアイさんも翌日から3日ほど、大腿四頭筋の筋肉痛に悩まされましたが、その2週間後、同じコースをより速く走ったのに、ほとんど筋肉痛にはならなかったそうです。

「大腿四頭筋を鍛えたいなら、わざわざ峠に行かなくてもスクワットをすればいいじゃないか」。そう疑問に思う人もいるでしょうが、峠走とスクワットでは得られる効果がまったく違います。

スクワットでは、膝を曲げてお尻を落とし、中腰になった姿勢から、膝を伸ばすときに大腿四頭筋が鍛えられます。引き伸ばされた大腿四頭筋が短くなりながら、力を発揮するのです。これを短縮性収縮（コンセントリック・コントラクション）といいます。

それに対して峠走では、膝を伸ばして着地する寸前、大腿四頭筋は伸びた状態で膝をロックします。これはスクワットとは正反対に、筋肉が引き伸ばされながら力を発揮する伸張性収縮（エキセントリック・コントラクション）です。

筋肉のダメージは伸張性収縮のほうが進みやすく、あとで得られる超回復効果も大きくなるというメリットがあります。スクワットもよいトレーニングですが、ランニングの着地に耐える大腿四頭筋をつくる目的では向いているとは言えません。

◎――峠走とビルドアップ走の好循環を楽しむ

「ｃｌｕｂ ＭＹ☆ＳＴＡＲ」では、初めて峠走を行うことを「山練デビュー」といいます。

峠走は「ｃｌｕｂ ＭＹ☆ＳＴＡＲ」の名物です。噂の峠走がどんなものか「怖いもの見たさ」で入会する人もいます。

アイさんは入会した翌週、早くも山練デビューしています。足を傷めていたアイさんは、下りはほとんど歩くような状況でしたが、とても楽しそうでした。

「みんなで心を合わせて一つの目標に挑戦するなんて、人生初めて。ずっと夜の商売をしていたので、33歳にして爽やかな青春を初体験した気がします」

アイさんは、笑いながらそう振り返ります。

この練習は、大げさに言うと一種の修行のようなもの。修行でありながら、エンタテインメント的な要素も入っています。1人で黙々と峠を走るのは精神的につらいですが、仲間と一緒だと励まし合いながら頑張ることができます。これはランニングクラブに入って練習するメリットですね。

アイさんも「山練に向かっている途中の電車で、仲間から急用で行けなくなったというメールが立て続けに入ってしまうと、今日はパスして家に帰ろうかなという気分になります」と言っています。

つらいだけに初めて一度も歩かずに上れたときの達成感はすごい。「ついに山を征服した！」と感激するメンバーもいます。本当はようやくスタートラインに立った、といったところなのですが、修行的なつらさがともなうからこそ「これをやれば絶対速くなる」という自信につながります。

峠走はビルドアップ走と組み合わせることで相乗効果が得られます。ビルドアップ走で設定タイムが縮まらないランナーが、山練に行って3日後のビルドアップ走でタイムが一気に縮まるケースも多々あるのです。

アイさんも峠走翌週のビルドアップ走で、設定ペースを上げました。ペースが上がるからまた峠走をやりたくなる。峠走をやるからまたペースが上げられるという好循環が生まれます。月間250km以上走る本格的な市民ランナーなら、毎週峠走を行っても大丈夫です。

◎――峠走のルーツは高校の部活

峠走の舞台である足柄峠は、ぼくの地元です。高校の陸上部時代、何度も峠走をやっていました。

その経験がベースにあり、「どうしてタイムが短縮したのか。なぜフォームがよくなるのか」と自分なりに分析していくうちに、ランニングの4要素が鍛えられるという事実を再発見したのです。

シドニーオリンピック女子マラソン金メダリストの高橋尚子さんが、現役時代に米コロラド州ボルダーで行っていた高地トレーニングも、上りっぱなしのあと、同じ道を下るという練習を繰り返したということから、実は峠走に近い4要素向上効果を狙っていたのではないかと思っています。

山での練習として、不整地の山道を走るトレイルランニングを取り入れているランナーもいますが、フォームが固まらないうち、また記録を狙ったロードレースが近づいた時期にトレイルランニングをやるのはマイナスだとぼくは思います。

オフロードで足元がデコボコだと、優先されるのはスピードではなく安定性ですが、安定感を得るには、重心を低くして、両脚をまっすぐ前に出す2軸走法のほうが有利です。すると腕を下げ、腰を落とし、目線も足元を確認するためにつねに落とした状態になります。

これでは理想とする腰高フォームと正反対です。バランスを保つために脚部の小さな筋肉が動員されますから、お尻の大臀筋と太もも後ろ側のハムストリングで推進力を得にくくなります。

フォームは水物で、ベテランのランナーでもつねに意識して修正しなくてはなりません。まして走り始めでフォームが定まっていない人は、トレイルランニングを取り入れるタイミングには慎重になってもいいと思います。

むろんトレイルランニングを全否定しているわけではありません。ぼく自身、自分が発する呼吸の音と地面を蹴る音以外、人工的な音のない大自然のなか、揺れる木漏れ日がつくりだしたモザイクの道を走りまわるのが大好きです。

第5章　岩本流フルマラソン3ヵ月プログラム

◎――ウォーキングの延長線上にランニングはない

「体重が重い人はウォーキングから入りましょう」

そういう指導法をたまに見聞きしますが、実際にウォーキングから入ってランニングに移行する人は多くありません。

ランニングのためのウォーキングが続かない理由はいくつかあります。

ウォーキングはラクな運動である半面、歩き終わってもあまり達成感がありません。達成感とは多少つらいことを成し遂げたときに最大化するものだからです。また、ランニングのように1分1秒のタイムを競う運動ではないので、自己ベストを更新するという喜びもありません。

そして、ウォーキングのカロリー消費量はランニングの3分の1くらいしかないので体重もなかなか落ちず、ランニングに比べてカラダの変化を認識するには何倍

短い距離でもいいので、まず走ってみることからスタート

もの時間を要します。

純粋に歩くのが好きな方、高齢で激しい運動ができない方、カラダに故障や障害を抱えて走りたくても走れない方にとって、ウォーキングは素晴らしい運動ですから、ウォーキング自体を否定しているわけではありません。ぼくは「ランナーになるのが目的ならウォーキングから入ると遠まわりになる」と考えているのです。

体重が重たい人は、短い距離でいいですから、スローペースのランニングからスタートしてみましょう。少々手荒いようですが、結局はそれがランナーになる近道だと思います。

初めはカラダのあちこちに痛みが出てくるでしょう。でも、それは痩せている人でも太っている人でも同じこと。普段使わない筋肉を使い、強い刺激を与えるのですから、ビギナーは走り始めてしばらく〝今日はこっち、明日はあっち〟という具合にカラダのどこかしらに痛みや不調が出てきます。それがひと通り全身を巡った頃にようやくランナーのカラダになるのです。痛みや不調に一喜一憂せず、おおらかな気持ちで構えてください。

ランニングを続けると少しずつ体重が落ちてきます。体重が落ちてカラダが軽くなるとそれだけ走ることがラクになりますから、走るペースは上がり距離も伸びていきます（46ページ参照）。進歩がわかると嬉しいので挫折せずに続けられるに違いありません。すでに触れた朝ランも効果的です。

ぼくはレースの前に4ヵ月ほどかけて6kgほど減量してカラダをつくります。その体験からすると、ダイエットは始めの2週間が勝負。そこで体重が動くと一気に弾みがついて減量が上手くいきます。

食事でカットできるところはカットしながら、毎日少しでもいいから走る習慣をつける。最初の2週間頑張れば体重が落ちて走ることがラクになるという好循環が始まります。

ウォーキングの延長線上にランニングはありませんが、ランニングの延長線上にウォーキングはあります。トップランナーでもシーズンの始めはウォーキングからスタートすると聞きます。

ぼくは2010年7月にカリフォルニア州のデスバレーで開催された「バッドウォーター・ウルトラマラソン」という217kmのレースに参加したのですが、その少し前、「1歩も走ってはいけない」というルールを自らに課して40kmを6時間かけて歩きました。

217kmもの距離なので歩きたくなる局面もあるだろうし、歩きと変わらないペースにまで落ちることもある。となると速く走っているときとは違う筋肉が動員されるに違いない。そう思ったから歩いてみたのです。

結果は思った通りでした。

40km歩く4日前に東京から箱根小涌園までの104kmを走ったときは、翌日筋肉痛はまったく出ませんでした。それなのに40㎞歩いただけで予想外に激しい筋肉痛が起こったのです。歩き続けたときに使われる筋肉が事前にわかり、そこに一度刺激が入っただけでも大きな成果があったと思います。

結果、砂漠地帯の予想を越える暑さもあって217㎞の半分以上の距離は歩くことになってしまったのですが、レース翌日はまったく筋肉痛は出ませんでした。

◎——初心者は5週間で10㎞60分で走れる体力をつくる

「club MY☆STAR」の入会条件は、皇居2周＝10㎞が走れること。マラソンの本格的なトレーニングを始める条件として、10㎞を60分で走れることをぼくは判断基準にしています。

そのくらいの走力があれば、初マラソンでも2ヵ月もあればサブフォー到達はそれほど難しくないと思います。アイさんも、入会して2ヵ月後の「かすみがうらマラソン」でサブフォーを達成しています。

数年前、女性誌『FRaU』の企画で、女性読者4人に「マウイマラソン」で初マラソンに挑戦してもらった際は、準備期間がわずか70日だったにもかかわらず、全員が完走。最速の女性は3時間30分27秒、次の女性も3時間31分18秒でゴールしました。ランニング初心者には、このときに行った練習が役立ちます。

まだ10㎞走ったことがない人は、まず5週間ほどかけて10㎞を60分で走破する体力をつくることです。

45ページで触れたように、ランナーのベースとなる体力には大きく心肺機能と脚の筋力があります。その成長ぶりには時間差があり、心肺機能の方が早く向上します。そこで調子に乗ってペースを上げると、速いペースに対応するだけの筋力がまだ備わっていないので、膝などにケガをする危険があります。

ですから最初の5週間は、鼻でラクに呼吸ができる程度のゆっくりペースで練習してください。鼻呼吸ができず苦しくなって口呼吸するようになったらペースダウン。オーバーペースに陥らないように配慮します。ペースを上げずに距離を徐々に延ばして10㎞走れるようにするのです。継続的に走っていれば、60分以内で走れるようになるでしょう。

こうして5週間トレーニングをすると、心肺機能と脚の筋力が向上するとともに「ランナー体質」に変身できます。

走り始めるとランナーの体内で三つの生理的な変化が生じます。

一つは水分貯蔵量の増加。カラダの60~70%は水分ですが、ランナーは普通の人と比べて水分貯蔵量が1・5ℓほど多くなっているといいます。ダイエットのために走り始めたのに、始めのうちは体重がなかなか落ちないのは、ランニングで体脂肪が減っても水分貯蔵量が増えるからです。しばらく走り続けると水分以上に体脂肪が減って体重は落ちてきます。

カラダは水冷式です。水分貯蔵量が増えるのは、ランニング中に汗をたくさんかいてカラダを冷やす必要があるからなのです。

筋肉が消費する全エネルギーのうち、運動に使われているのは最大でも50%程度で、残りは熱エネルギーに転換されて体温を上げます。たとえば、体重60kgの人が

10分間軽くジョギングしただけで、平均体温は37度から38・4度ほどまで上がるといいます。体温が40度を超えるとカラダはダウンして運動ができなくなるため、汗の水分が蒸発するときに気化熱を奪って体温を下げるのです。

◎——3日続けて休まない

ランナー体質になると使える汗腺の数も増えてきます。

汗腺の数は2～3歳頃までの生活環境に左右されます。この間に暑い環境ですごして汗をたくさんかくと汗腺が多くなりますし、あまり汗をかかないと汗腺が少なくなるといいます。日本人の場合、汗腺の数は通常300万個程度です。

使わないと筋肉が衰えるように、運動不足で汗をかかない生活をしていると、不要な汗腺が閉じて全体の25%前後しか使えなくなります。

ランニングをすると閉じていた汗腺が開通して使えるようになり、日常的に走っているランナーになると100％に近いレベルまで汗腺が働いています。発汗量が増えて体温上昇が抑えられますから、疲れずに長時間運動が続けられるのです。

ランナー体質になると毛細血管も変化します。毛細血管は動脈と静脈の間にある小さな血管。長さは約0・5〜1・0㎜、太さは髪の毛の約10分の1（約1000分の5〜7㎜）ですが、全長約9万㎞という血管ネットワークの大半を占めていて、血液を通じて細胞に新鮮な酸素と栄養素を供給しています。また運動の結果生じた二酸化炭素、老廃物、疲労物質などを除去するのも毛細血管の役割です。

汗腺と同じように、運動不足だと機能していない毛細血管が増えますが、ランニングのような全身運動でカラダの隅々まで動かしてやると少しずつアクティブな毛細血管が増えてきます。加えて毛細血管は、ランニングなどの有酸素運動を続けると枝分かれして増えることがわかっています。

毛細血管が増えると、酸素と栄養素の供給がスムーズになり、老廃物や疲労物質も素早く除去できるので、ランナーにとっては有利です。普段から血行がよくなりますから、「ｃｌｕｂ ＭＹ☆ＳＴＡＲ」には、「走り始めてから肩こりや便秘、腰痛、冷え性が軽くなった」というメンバーも大勢います。

こうしたランナー体質は習慣的に走ることで得られるもの。1回のトレーニングで起こるわけではありません。5週間で心肺機能と脚の筋力をレベルアップさせて、ランナー体質を獲得するには、走る間隔を3日以上空けないことが大切です。

週3回走るなら、月火水と3日連続して走り、木金土日と4日連続して休むのではなく、水金日のように1～2日の間隔を置いてトレーニングするほうがよいでしょう。わずか5週間で本気の練習に耐えられる基礎的な体力が養われます。

◎――10㎞走れるようになったらビルドアップ走

10㎞続けて走れるようになったら、5㎞＋5㎞のビルドアップ走に挑戦します。前半5㎞は28分、後半5分は28分を切るペースで走ります。後半を27分で走れるようになったら、5㎞＋5㎞＋5㎞の15㎞のビルドアップ走にスイッチします。

最初の５㎞を28分、次が27分、最後は27分を切るペースで走ります。27分を安定して切れるようになったら、最後は25分半を目標にします。

一度に到達できなくても構いません。10㎞しか走った経験がないランナーなら、30分→31分→ギブアップという場合だってあるでしょう。それでもめげずに翌週もビルドアップ走にチャレンジします。何度か繰り返すうちにいずれクリアできるでしょう。つねに目標を持ち続けることで走力は右肩上がりになります。設定タイムで走れた喜びは大きいので、練習を続けるモチベーションも上がります。

多くの市民ランナーは本番でのペースメイクが苦手で、持っている力を完全に出し切れないうちにレースを終えています。

ですから、たとえば「フルマラソンのベストタイムは４時間です」というランナーなら、レースペース（スタートからゴールまで同じ速さで走って目標タイムを達成するペース）である５㎞28分から始めて、27分、25分半とビルドアップしても問題ないと思います。第１章と第２章を読み、効率的なフォームで走るとペースはトントン拍子に上げられると思います。

◎――練習プログラムは逆算でつくる

ぼくの練習プログラムは、レース当日から1日刻みで逆算するのが特徴です。まずはタイム狙いのための勝負レースを決めます。そこで実力が発揮できるように練習をレース当日から逆算して組み立てていくのです。

10日前のビルドアップ走で、レースペースから始めて↓1分短縮↓1分半短縮で走るのが大目標。これが達成できれば狙ったタイムでゴールできます。そのことは多くのメンバーが実証しています。

それまでトレーニングは、レース10日前のビルドアップ走をいかに成功させるかを念頭に入れてスケジューリングします。

トレーニングは、本来ならランナーの走力やコンディションに応じてオーダーメイドでつくるべき。100人いたら100通りの練習法があります。Aさんに効果

成長期、鍛錬期、レースモード期と３期に分けトレーニング

的だった練習法が、ＢさんにもＣさんにも有効だという保証はどこにもないのです。

それを承知のうえで、アイさんを含めて「ｃｌｕｂ ＭＹ☆ＳＴＡＲ」でさまざまなタイプのランナーと接してきた経験を踏まえて、大多数のランナーに有効な練習法をこれから紹介していきます。

マラソンのトレーニングは、成長期、鍛錬期、レースモード期と3期に分けます。

仮に本番まで3ヵ月あるとすると、レースの1ヵ月前まではレースモード期、1～2ヵ月前の1ヵ月間は鍛錬期、2～3ヵ月前の1ヵ月間は成長期です。

ここでは3ヵ月コースで話を進めますが、

準備期間が6ヵ月あるなら各々2倍、1ヵ月半しかないなら半分にします。
目標タイムは、アイさんが初マラソンの4ヵ月後に出場した「千歳JAL国際マラソン」で目標とした3時間半切りを基本とします。

◎——2〜3ヵ月前の成長期のトレーニング

この時期はベーシックな走力を成長させていく時期です。ポイント練習は週半ばのビルドアップ走、それから週末のロングジョグ（週末ロング走）です。

ビルドアップ走の目標は27分→26分→24分半。設定タイムになかなか手が届かない人は、アップダウンのあるコースを選んで走ると心肺機能が高まり、スピードアップにつながります。

時間的に余裕がある週末はスローなペースで構いませんから、週末ロング走75分から始めて90分くらい走ります。**ビルドアップ走が速く走る能力を高めるとしたら、**

この週末ロング走は長時間運動を続ける能力をトータルに高めるために行います。

ポイント練習以外のつなぎ練習では、ペースを気にせずに30〜40分心地よくランニングして体力を維持します。

このピリオドのつなぎ練習は、スポーツクラブで行うのもお勧めです。

傾斜をつけずにフラットにしたトレッドミルで30〜45分走り、地面を蹴らずにお尻と太もも後ろ側のハムストリングを使って走る腰高フォームを再確認します。

階段上りをシミュレートしたステップマシンでは、カラダがステップから浮かないため、脚に着地によって起こる余計な負担をかけずに心肺機能を鍛えられます。かかとが浮かないようにステップに足裏全体をつけて、ふくらはぎを使わないようにします。背中を丸めないで、背すじをしっかり伸ばすように気をつけてください。

最新のステップマシンには、ハンドルを握るだけで心拍数を教えてくれる機能がついています。5分間ウォームアップしたら、負荷を上げて全力疾走レベルの心拍数（170拍／分）まで追い込むと、心肺機能の強化につながります。

スポーツクラブには筋肉を鍛えるマシンやダンベルなども揃っていますから、ランニングで大切なお尻とハムストリングを鍛えるレッグランジ、レッグカールといった筋力トレーニングを行うのもよいでしょう。

いくら練習したくても、週2日は走らない完全休養日を入れます。疲労がたまってポイント練習で頑張れなくなったら意味がありません。

◎──月間走行距離の目安を決める

練習時に何㎞走ったかは、毎回ランニングダイアリーに記録する習慣をつけましょう。週間の累計、月間の累計（月間走行距離）もあわせて計算しておきます。

ランナーの走力の物差しの一つが、月間走行距離。あくまでも目安ですが、**サブフォーだとレース直前の月間走行距離が200㎞、3時間半だと250㎞ほどです。練習を始めて9ヵ月後の「つくばマラソン」で3時間15分を切ったときのアイさんの月間走行距離は300㎞でした。**

フルマラソンが4時間半以上のランナーなら150km＋α程度。成長期の月間走行距離は150〜180kmが目安です。

月間走行距離を伸ばしておくと「これだけ練習したのだから大丈夫」と心にゆとりを持って本番のスタートラインに立てます。その意味では月間走行距離199kmと200kmを比べると、1kmという数字以上に心理的な隔たりは大きいのです。

かといって数字だけに振りまわされるのも考えもの。月末が完全休養日か週末ロング走の日かの違いだけでも、月間走行距離は変わります。土日が5回ある月もあれば、4回で終わる月もあります。31日間ある月と28日間しかない月もあります。31日に月間走行距離が199kmだと気づいて、完全休養日なのに「200km台にしたい！」と慌てて走ったりしないように。重要なのは練習の中身です。月間走行距離が単なる数字合わせに終わっては何にもなりません。

月間走行距離は、練習の質を追求するビルドアップ走や週末ロング走などのポイント練習ではなく、つなぎ練習の距離を延ばして積み上げます。

◎――ランニングダイアリーを友人にする

トレーニングの記録はランニングダイアリーにまとめます。市販品もありますが、ぼくは見開き2週間タイプの普通のスケジュール帳を長年愛用しています。

ダイアリーには練習の内容と結果を記録します。走行距離、タイム、ビルドアップ走のタイム、心拍数の変化などです。

ダイアリーで自らのトレーニングを客観的に俯瞰すると「峠走の効果がビルドアップ走に出ている」とか「つなぎ練習をサボると翌週の週末ロングがつらい」といった発見があります。それを踏まえて翌週の練習を改善しましょう。

タイムの変化や月間走行距離は棒グラフや折れ線グラフにします。ビルドアップ走の設定タイムが右肩下がりだと、ランナーとしての成長ぶりがわかって励みになります。すくすくと伸びる月間走行距離のグラフを見ると「これだけ練習してきたんだ」と自信がつきます。

グラフにすると練習の進展具合が一目瞭然。タイムのグラフをもっと右肩下がりにしたいから「もう少しペースを上げよう」という意欲にもつながります。ぼく自身も「あっ、ここで頑張るとあのグラフをこういうカーブにできるな」と想像しながら走っています。「club MY☆STAR」にも「グラフをカッコいいラインにするために頑張る」というメンバーは少なくありません。

出場するレースが決まっている場合、レース日までの全トレーニングの計画をあらかじめ書き込んでおくという手もあります。

練習日、設定タイム、週の累積走行距離、月間走行距離、グラフ……。トレーニングが順調に進んだという想定で、鉛筆で先に書いておくのです。あとは塗り絵のようにそれをなぞるだけ。ちょっとしたゲーム感覚ですね。

気分や体調の変化など、数字にならないメンタル面やフィジカル面についても簡単なコメントを残しておくと、あとで見直したときに参考になります。

ぼくは毎週の始めにその週の目標を1行で書き入れています。

「週末ロングで自信回復！　酒量を減らし、距離を延ばし、カラダをケア！」
「脚のケアを忘れず。着地筋強化！　練習にメリハリを！」
といった具合です。前週の反省を踏まえて目標を立てておくと、1週間が有意義にすごせると思います。何も思い浮かばなくても必ず書くのがポイント。「何か目標はないか？」と考える習慣がつくので、自分の弱点や体調の変化などに早めに気づけるようになります。

ダイアリーには体重も記録します。

筋肉を減らさずに体重を落とすとランナーには有利。前述のように、体重が1kg減ると、フルマラソンのタイムが3分早くなると言われています。ただしリバウンドなく上手に痩せるためには、実は体重は毎日記録しないのがコツ。

規則正しい食生活を心がけていても、たまには暴飲暴食する日もあります。お酒の誘いが断れずに宴会に呼ばれることだってあるでしょう。ダイエットの欲求不満を解消してガス抜きするには、自分を許す日をつくるのも悪くありません。

食べすぎると一時的に体重は増えます。毎日体重を測っていると、体重の変化に

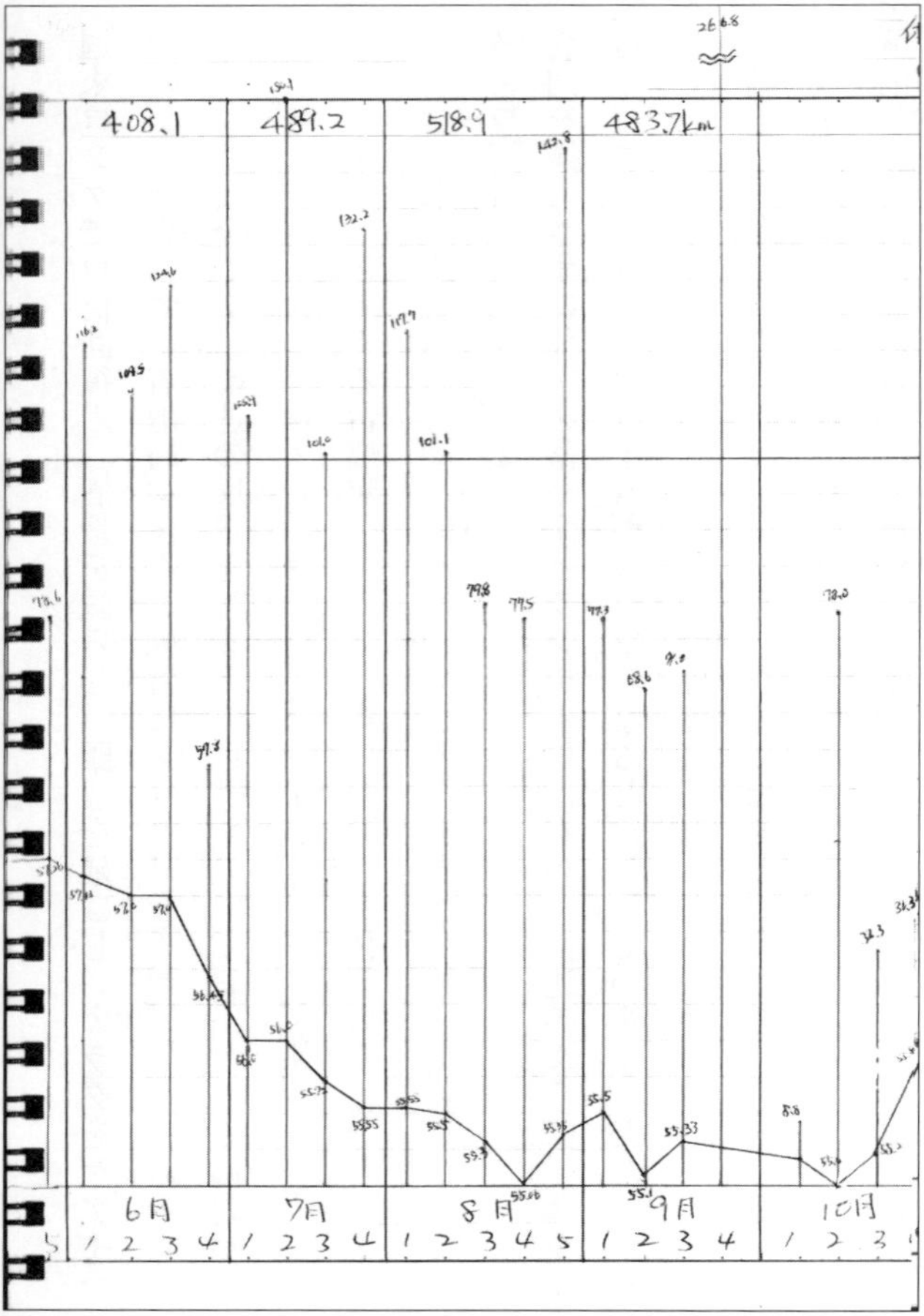

408.1
489.2
518.9
483.7km
6月
7月
8月
9月
10月

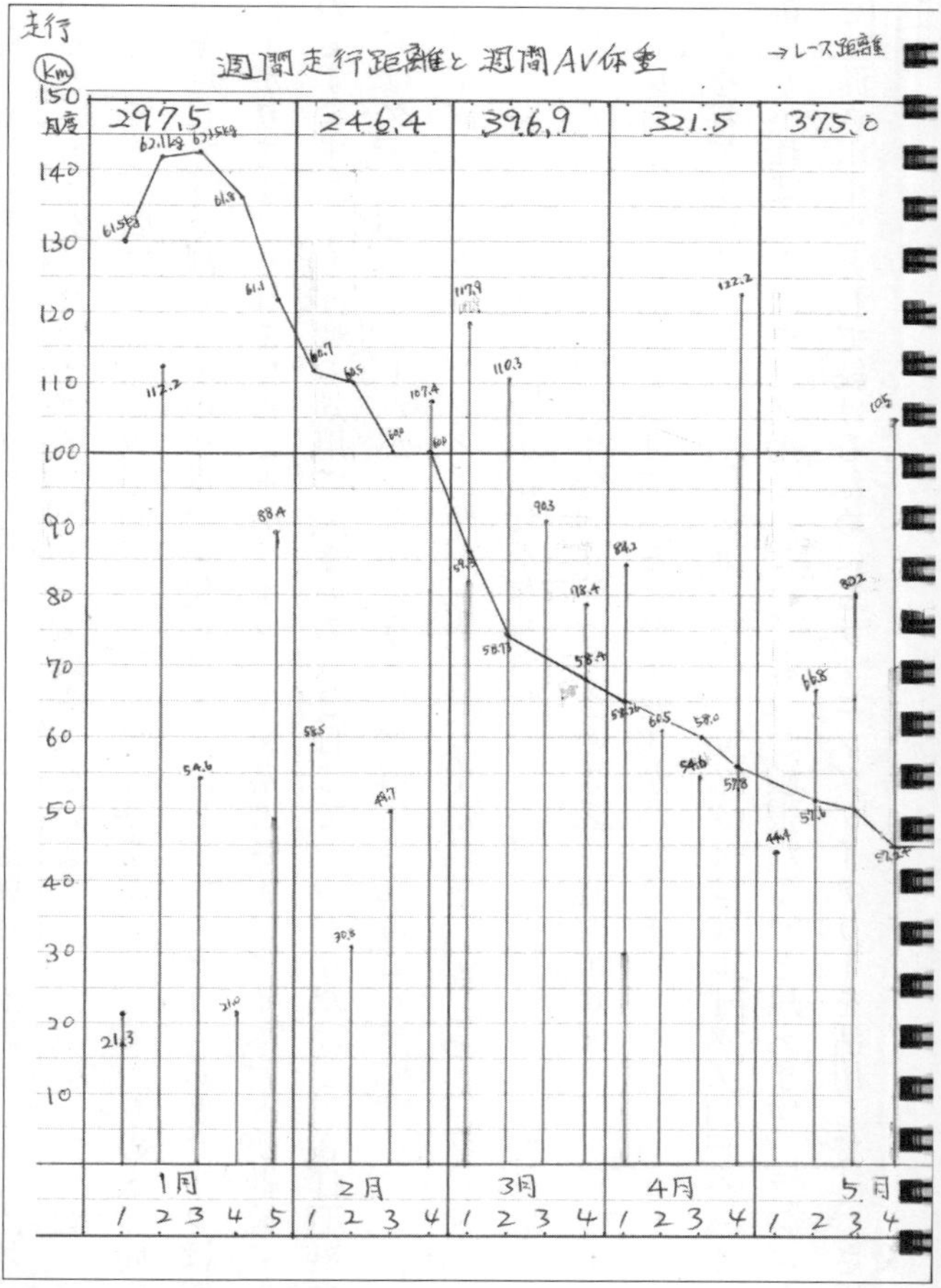

週間走行距離と体重をグラフ化

一喜一憂してそれがストレスになります。飲み会の翌朝体重が思ったよりも増えていると「もうダメだ」とダイエットを諦める人もいます。

そこで1週間に2日は体重を測らない日をつくります。そして残りの5日間の体重を足して5で割り、平均体重の変化をグラフにします。そうするとグラフは確実に下がります。それを見るとモチベーションを落とさずにダイエットが継続できるのです。またこの作戦の効用で大きいのは2日までならアリだけど、3日不摂生をしてはダメ、というルールが知らないうちに習慣化されることです。

11年前にウルトラマラソンを始めた頃、コーチも仲間もいなかったぼくにとって、ランニングダイアリーだけが頼れる存在でした。いまでもぼくのすべてをわかっている友人のようなもの。11年分の記録はときどき読み返しています。

トレーニングの記録をつけていると経年変化がわかります。

歳を毎年1つずつ重ねても、ビルドアップ走のタイムやレースの自己ベストが更新していれば「まだまだ衰えていない。もっと頑張れる」と思えます。ランニングを生涯スポーツとして続けるためにもランニングダイアリーを活用してください。

◎――1～2ヵ月前の鍛錬期のトレーニング

この時期もビルドアップ走と週末ロング走がベースになります。月間走行距離の基準は180～200kmです。ビルドアップ走は、26分→25分→23分半に設定。週末ロング走はタイムを気にせずに120分走るか、20km走を行います。

20km走の代わりにハーフマラソンの大会に参加してみるのもよいと思います。レースの翌日、お尻と太もも後ろ側に筋肉痛が出れば、正しいフォームで走れた証拠。それ以外の部分に痛みが出た人は、再度フォームを点検してください。

この時期に一度は行いたいのが、第4章で詳しく紹介した峠走です。峠走で推進力、心肺機能、フォーム、着地筋の4要素がトータルに高まり、ビルドアップ走の目標タイムがクリアしやすくなります。

気持ち的に余裕があってまだまだ追い込める人は、インターバルトレーニングを行ってみましょう。

インターバルトレーニングは、短い休憩を入れながら、強度の高い短時間のハイペースのランニングを何度も反復させる練習法。カラダの動きにキレが出て、疲労からの回復力をアップする効果もあります。ビルドアップ走でタイムが短縮せず、壁にぶつかって停滞していたランナーが、インターバルトレーニングをきっかけにして壁を破り、タイムを一気に縮めるケースもよくあります。

インターバルトレーニングは、1〜2㎞のウォームアップを行ってから、ダッシュの距離を1000m→800m→600m→400m→200mと短くしていきます。最後の200mだけは4本行います。それぞれの間は200mをゆっくりジョグ（目安は90秒）でつなぎます。

フルマラソンで3時間半切りを狙うなら1㎞4分5秒ペースで。目標タイムは、1000mが4分5秒、800mが3分10秒、600mが2分20秒、400mが1分32秒、200mが44秒です。

すべて終わったら1〜2㎞のクールダウンを行います。

1㎞の直線コースだと、1000mダッシュしたらUターンして200mつなぎ、800mダッシュ。再びUターンして200mつないでから600mダッシュ。Uターンして200mつなぎ、400mダッシュ。そのまま200mつなぐとスタート地点に戻ってきますので、最後に200mのダッシュ4本をそれぞれ200mのつなぎを挟みながら行います。

ペースだけ見るとハードに思えますが、ハイペースで走るのはわずか3・6㎞。つなぎの時間を入れても所要時間は25分ほどで済みます。しかもぼくが提唱するこのインターバルトレーニングは距離が毎回短くなるので、カラダへの負担が少なく故障が防げます。距離がだんだん短くなることで心理的にもラクに思えるはずです。

インターバルトレーニングは週半ばのビルドアップ走に変えて行うか、週末ロング走（あるいは峠走）とビルドアップ走の間に行うと効果的です。鍛錬期のトレーニングは成長期以上にカラダに負担をかけるので、完全休養日を週2日入れて疲労回復に努めてください。

OLのランナー、岡田充代さんは、2006年の12月にランニングを始め、4ヵ月後の「荒川市民マラソン」でデビューしました。このときは「ｃｌｕｂ ＭＹ☆ＳＴＡＲ」のメンバーのほとんどが3時間半以内にゴールして、そろそろ帰ろうかと思い始めた頃、4時間ちょうどでゴールに飛び込んできたのが岡田さんでした。

このレース以降、彼女は猛烈に練習に取り組み、デビューから半年後の「つくばマラソン」で、3時間04分まで一気にタイムを短縮。あっさり国際女子マラソンの参加資格をゲットしてしまうのです。

「次はサブスリー達成だ」とぼくも彼女も思ったのですが、実際に3時間を切るまでには、それから実に2年2ヵ月を要することになりました。長いトンネルに入ってしまったのです。

彼女がトンネルから抜け出すきっかけになったのが、インターバルトレーニングでした。その成果として、２００８年の「大阪国際女子マラソン」で2時間59分21秒という素晴らしいタイムで走り抜きました。

スピードアップしたい、キレを出したいという目的の他、スランプ脱出やもうワンランク成長したいという人のためにもこのインターバルはお勧めです。

◎――１ヵ月前のレースモード期のトレーニング

最後のレースモード期も、ビルドアップ走と週末ロング走の組み合わせです。**ビルドアップ走では、25分半→24分半→23分をクリアするのが目標。週末ロング走は１２０分か20㎞走、もしくはハーフマラソン。月１回は峠走を行います。**

20㎞走かハーフマラソンの直前、ビルドアップ走の代わりに10㎞のタイムトライアルを一度行うと実践的な走り方が身につきます。

タイムトライアルとは、全力でベストタイムを狙う練習法。本番に備えて限界ギリギリまで全力を出し切るのが目的です。

全力は出してほしいのですが、走力以上のオーバーペースで走り始めて後半、大幅にペースダウンするようではダメ。失速せずに限界ギリギリのペースで走る。これこそタイムトライアルの「全力」であり、レース当日に実現したい走りそのものなのです。

10㎞のタイムトライアルで45分が切れた人（5㎞22分半未満）は、次の20㎞走（またはハーフマラソン）では、5㎞23分半のペースで前半から飛ばします。「練習だからつぶれても構わない」と強気で走りましょう。もしもこの目標ペースで走り切れたら、目標タイムを3時間20分に上方修正しても大丈夫です。

10㎞のタイムトライアルが45～48分（5㎞22分半～24分）のランナーは、レースペースである5㎞25分ペースからスタート。後半からビルドアップして最後は全力を出し切ります。

10㎞のタイムトライアルが48分以上（5㎞24分以上）のランナーは、5㎞26分前後のペースからスタート。後半スピードを上げて持てる力を全部出してください。

月間走行距離は200～250㎞。思ったようなタイムが出ないからといって、練習しすぎると故障につながります。完全休養日も週2日は取るようにしましょう。

◎——疲労をためない栄養補給法

ポイント練習の疲労が抜けにくいときは、練習が終わったあとに疲労回復に効果的だといわれているクエン酸、BCAA（分岐鎖アミノ酸）のサプリメントの摂取をお勧めします。

クエン酸は体内の疲労物質の排出を助けます。BCAAは、バリン、ロイシン、イソロイシンという三つのアミノ酸の総称で、いずれも体内で合成できないため、食事から摂取しなくてはならない必須アミノ酸です。

BCAAは筋肉に含まれる必須アミノ酸のおよそ35%を占めており、運動時にエネルギー源として使用されて消耗しやすいのが特徴。BCAAを消耗すると筋肉が損傷するので、疲労のリカバリーに時間がかかります。BCAAのサプリメントをランニングの前後に摂ると、筋肉の疲労回復を助ける効果があります。

女性ランナーは鉄分の補給もお忘れなく。

筋肉に必要な酸素を運んでいるのは、血液中のヘモグロビンという物質で、その主成分はタンパク質と鉄分。ことに鉄分が足りないとヘモグロビンが減り、細胞が求める酸素が運べなくなります。これが鉄欠乏性貧血です。

月経で血液を失う女性は鉄欠乏性貧血のリスク大。「日本人の食事摂取基準（2010年版）」によると月経がある女性の鉄分の摂取推奨量は1日10・5〜11・0㎎ですが、成人女性の鉄分の平均摂取量は1日7・8㎎に留まっています。実際、ヘモグロビン濃度を世界保健機関（WHO）の基準に照らすと、日本の成人女性の4人に1人は貧血状態になっているそうです。

さらにランナーは、着地の瞬間に足裏の血管内で赤血球の一部がダメージを受けるので、貧血に陥りやすくなります。貧血状態では疲れやすく心拍数も上がりやすくなり、質の高い練習ができなくなります。

鉄分はレバー、赤身の牛肉、貝類、ナッツ類などに豊富。食品の鉄分は吸収率が低いので、サプリメントを使うのもよいでしょう。

◎——練習距離に0《ゼロ》を足したカロリーを補給する

練習後の食事では、いつもの食卓にタンパク質食品を2品プラスします。タンパク質は筋肉の材料です。筋肉はつねに分解と合成を繰り返す新陳代謝を行っていますが、練習で酷使した筋肉では分解が合成を上回って破壊が進んでいます。そこで休養を取り、良質のタンパク質を補うと、合成が分解を上回り筋肉が成長する超回復が起こり、ランナーにふさわしい筋肉が完成します。タンパク質は鉄と並んでヘモグロビンの原料なので、その摂取は鉄欠乏性貧血の予防にも役立ちます。

体重は増やしたくありませんから、タンパク質を摂取するなら低カロリーのタンパク源を選びたいもの。**豆腐、豆乳、納豆、低脂肪ヨーグルト、低脂肪牛乳、ゆで卵、赤身の肉などからの摂取がお勧めです。**

2品選ぶときは、豆腐や豆乳といった植物性のタンパク源から一つ、ヨーグルトや牛乳といった動物性のタンパク源から一つ選ぶようにすると、栄養バランスが整いやすくなります。

1品当たりの摂取の目安は、走行距離に0を一つ足したカロリー分。15㎞のビルドアップ走の後なら15＋0＝150㎉、20㎞の週末ロング走の後なら20＋0＝200㎉です。これを2品摂ります。

たとえば、150㎉だと木綿豆腐200gと低脂肪牛乳300㎖、200㎉だと豆乳300㎖と低脂肪ヨーグルト250gが目安となります。

乳製品には糖質（乳糖）が含まれていますが、糖質とタンパク質を一緒に摂ると筋肉の超回復は起こりやすくなります。乳製品を摂ってもお腹がゴロゴロしない人は、どちらか1品は乳製品にするとよいでしょう。

◎——豆乳でデリケートな胃を守る

ぼくも含めて「club MY☆STAR」でちょっとしたブームになっているのが、タンパク源の豆乳です。

豆腐や豆乳（植物性タンパク）から1品、低脂肪ヨーグルトや低脂肪牛乳（動物性タンパク）から1品

ぼくたちが常用するようになって、いまでは皇居周辺のシャワー&ロッカー施設のほとんどで取り扱っているようです。おそらく、見よう見まねで試した一般ランナーの方も、豆乳のよさを実感して継続的に飲んでいるのではないでしょうか。

安静時は血液の20〜25%は胃をはじめとする消化器に集まっていますが、運動を始めると血液の80%近くが筋肉と皮膚に集中して、消化器には3〜5%程度しか血が回らなくなってきます。

胃の血液が不足すると、胃酸から胃壁を守る機能が一時的に低下して、胃に痛みを感じることがあるのです。

それを防いでくれるのが豆乳です。「ｃｌｕｂ ＭＹ☆ＳＴＡＲ」のエース、境祐司さんは、レースではなかなか本来の実力を発揮できないでいました。ところが豆乳を飲むようになってから、レースでも本来の走りができるようになりました。

それまでは24時間走で２００km程度を行ったり来たりしていたのに、レース中1時間に１本を目安に豆乳を飲むようにしてからレースの結果が安定するようになり、日本代表選手として出場した24時間走の世界大会で２６２km走って3位になっています。

フルマラソンのレースでも、豆乳を凍らせてエイドステーションに置いているメンバーもいます。豆乳のみだと濃すぎるので、同じ量の水も飲んで胃腸に負担をかけないようにします。

胃を守るという意味では牛乳もよいのですが、前述のように日本人には、牛乳に含まれる乳糖を分解する酵素が不足しているため、消化不良でお腹をこわす体質（乳糖不耐症）の人が少なくありません。大豆アレルギーで大豆製品がダメな人以外は豆乳を飲むことをぼくは勧めています。

１００kmを超えるウルトラマラソンでは心身へのストレスも大きいので、胃に急性の潰瘍ができてレース後に血便が出ることも珍しくありません。ぼくも血便に悩まされた時期もありましたが、豆乳を飲み始めてからは、ウルトラマラソンに出ても血便に悩むことはなくなりました。

◎――30km走を無理に行わない

レース前のスタンダードなポイント練習法に30km走があります。トップランナーはレースペースで30kmを走る練習を日常的に行っていますが、だからといって初心者が真似をするのは危険です。

月間走行距離１００kmそこそこのランナーが「本番前に一度は体験しなくては」と誤解して30km走を行った結果、膝を傷めたり、疲労が抜けなかったりして本番で失敗する事例は多々あります。

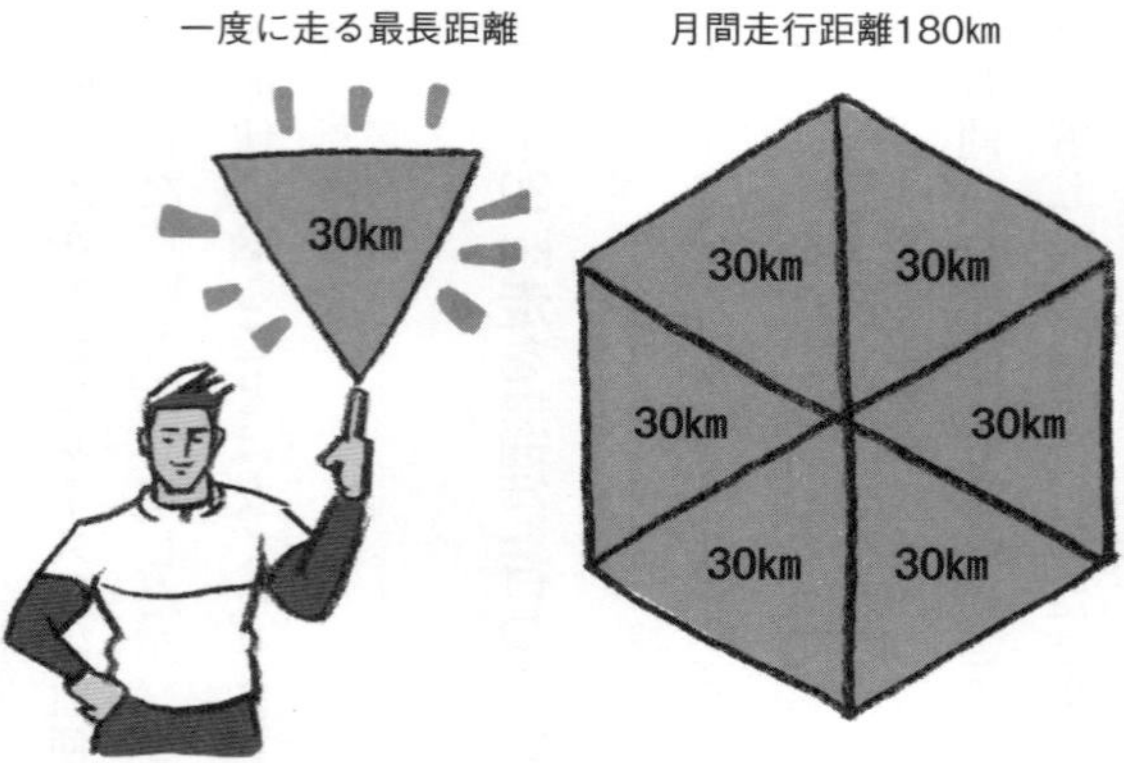

練習で一度に走る最長距離＜月間走行距離の６分の１

練習で一度に走ってプラスになる距離は、月間走行距離の６分の１まで。つまり30km走をやって身になるのは、月間走行距離１８０km以上のランナーです。

このルールに照らすと月間走行距離１２０kmのランナーの場合は20kmですから、無理して30km走ると最後の10kmは練習ではなく破壊運動としてカラダへのダメージを蓄積させます。プラスどころかマイナスで、疲労から回復するのに1週間以上かかることもあり、レースまでの貴重な残り時間をロスしてしまいます。

この〝6分の1ルール〟は、ぼくが実体験から導いたもの。

スパルタスロン（約２４６km）に参加する前、ぼくは練習量を増やします。いちばん長い練習は１０４km走ですが、以前月４００kmしか練習していなかった頃に90km走をやって１週間立ち直れない苦い経験をしました。月６００kmまで走る量を増やしてからは、90km（月間走行距離の６分の１以下）走っても平気になりました。

まわりを見渡してみても、１ヵ月に１回のペースでフルマラソンに参加しているランナーの多くは、月間走行距離２５０km以上です。42・１９５kmの６倍以上を毎月走っているから、月１でレースに出ても大丈夫なのです。

マラソン未体験者のなかには「不安だからレース前に42・１９５km走っておこう」ととんでもないことを考える人も出てきます。何を隠そう、これはわが「ｃｌｕｂ ＭＹ☆ＳＴＡＲ」の女性スタッフの実例です。

彼女は２０１０年の「東京マラソン」に当選。月間走行距離１２０kmのランナーだったのに、レースの３週間前に東京マラソンの本番コースをスタートからゴールまで試走したのです。

相談してもらえれば何が何でも止めましたが、遠慮もあったのでしょう。こっそり1人で走ったのです。

試走では完走しましたが、案の定膝を傷めてしまい、肝心の本番では途中リタイアという残念な結果に終わりました。

試走や30㎞走を行わなくても、ビルドアップ走と峠走で本番に耐えられる体力とカラダはつくることができます。

◎――給水しながら走る練習をする

ランナー体質になって水分貯蔵量が増えても、練習前後の給水は忘れないようにしてください。

発汗で体内の水分を失うと、血液量が減ります。1ℓの汗をかくと、血液が100㎖ほど減ると言われています。血液量が減ると、心臓が1回の拍動で押し出せる血液（1回拍出量）が減りますから、筋肉が求める血液を供給するために心拍数が上がります。１００㎖の血液が減ると1分間に5拍前後心拍が上がって、走るのがつらくなります。

また発汗で大量の水分を失うと、それ以上体液を失わないように脳が発汗にストップをかけます。すると体温が上昇して危険な熱中症に陥ります。真夏はもちろん、秋冬のレースでも脱水による熱中症は起こります。

脱水から熱中症に陥らないために、意識的な水分補給を心がけます。**とくに汗をたくさんかくポイント練習を行う日は、スタート前の2時間で1ℓ前後の水を飲んでください。**

「スタート前に水を飲みすぎるとお腹がタプタプで走れない」と訴えるランナーもいますが、レース本番では水分補給はもっと重要（１９４ページ参照）。練習のうちから、水を多く飲んでも抵抗なく走れる体質をつくっておきましょう。

走り始める前はミネラルウォーターで十分ですが、走っているときはスポーツドリンクで水分を補給します。スポーツドリンクには、発汗で失われるナトリウムなどの電解質が含まれています。

ハードな練習を始める前の２時間で約１ℓの水分補給を

多量に汗をかいているのに真水で水分を補うと、発汗でナトリウムなどが失われている分、体液が薄くなります。

人体には体液の濃度を一定に保とうとする性質があります。とくに細胞や神経の活動に不可欠なナトリウムの濃度は厳密にコントロールされています。発汗時に真水を飲みすぎるとナトリウム濃度が低下する低ナトリウム血症となり、最悪の場合には生死にかかわります。

ただし市販のスポーツドリンクは、飲みやすくするために糖質が多めに配合されています。ですから、ぼくはスポーツドリンクを水で薄めて飲むことをお勧めしていいます。体内で糖質を分解するのに水分が必要だからです。

薄めるときには独自のルールがあります。発汗量が増えてカラダのストレスとなる高温、多湿、直射日光という三つの条件がすべて重なったら8倍、このうち二つだけなら4倍、一つなら2倍に薄めます。発汗量が増えるほど、摂取するトータルの水分量も増えますから、濃いスポーツドリンクを飲み続けると胃腸の負担になってしまうからです。

◎──暑熱順化のすすめ

「ホノルルマラソン」や「マウイマラソン」のように暑い場所で行われる大会に出る前は、暑さに慣れる暑熱順化をしておくと本番で暑さに悩まされる心配が少なくなります。日本でも春や秋の大会では、日によって気温が25度以上になる場合があります。２０１０年４月の「かすみがうらマラソン」では気温が27度以上になり、暑さで倒れる参加者が続出しました。

ランナー体質になって汗をスムーズにかけるようになっても、暑い環境で走ると発汗が間に合わないことがあります。

「合宿初日症候群」という言葉をご存じでしょうか。学校の部活で夏休みに合宿を行うと、初日に多くの子どもが熱中症で倒れます。暑熱順化ができていないうちに暑い環境でいきなり運動をするのが原因です。

レースで合宿初日症候群を起こさないために有効なのは、事前に安全な環境で汗をかいて汗腺を全開にしておくこと。手軽なのはサウナです。

運動による発汗とサウナによる発汗には細かい差はあるでしょうが、サウナが暑熱順化に有効なのは「ｃｌｕｂ ＭＹ☆ＳＴＡＲ」のメンバーの体験からも明らか。しかも一度やるだけで効果があります。夏合宿でも2日目以降は熱中症は減りますが、これは初日の1回で暑熱順化ができるからです。

前述したようにぼくは２０１０年7月、世界一過酷なウルトラマラソンレースと言われる「バッドウォーター・ウルトラマラソン」に参戦しました。

全長217km。場所は米カリフォルニア州のデスバレーという砂漠地帯です。気温50℃以上という環境で行われますから、いつも以上に暑熱順化が必要でした。そこでレースの10日前までの2週間、ハワイのオアフ島で暑熱順化を行いました。

オアフ島では1日3回、朝60分、昼2時間、夕方30分走りました。昼間の暑い時間帯に行う2時間走は、初日こそ汗びっしょり、ウエアが白くなるほど汗も出ましたが、しばらくすると発汗量も落ち着いて、ウエアが白くなることもなくなりました。水分の吸収と代謝が円滑になり、ナトリウムなどの電解質の消耗も抑えられるようになったのです。

暑熱順化には成功しましたが、デスバレーの暑さはぼくの想像を遥かに超えていました。人間が生きられる環境条件とは、こんなにも幅が狭いのかと痛感することになります。

走れたのは全行程の10%で、あとは歩いたり走ったり。90人の参加者中46位で、ゴールまで42時間以上かかるという不本意な結果に終わりました。この失敗を生かして次回はより上位でゴールしたいと思っています。

第6章　自己ベスト必達のレースマネジメント

◎──「ソツケン」合格で完走間違いなし

いよいよレースが間近になってきました。

「ｃｌｕｂ ＭＹ☆ＳＴＡＲ」では、レースの10日前にソツケン（卒業検定）と呼ぶビルドアップ走を行います。レースは日曜に行われることが多いので、実施するのはだいたい１週前の水曜日です。

ソツケンはレースで走ろうと思っているペースからスタート。５km以降はレースペースよりも速く走ります。

サブフォーが目標なら28分→27分→25分半、３時間半切りを狙うなら25分→24分→22分半、３時間15分切りを狙うなら23分→22分→20分半とビルドアップしていきます。これが合格できれば、本番でも思った通りのタイムでゴールできる可能性が高まります。

アイさんはレース前のソツケンは必ず合格しています。ソツケンでは緊張して実力が出せないメンバーもいるなかで、彼女はフィジカル面はもちろんメンタル面でも相当タフなものを持っています。

アイさんが高校時代の同級生に「今度マラソンの国際レースに出ることになった」と話したら、運動とは無縁のアイさんの生活ぶりを知っているだけに驚きながらも「なんかわかる気がする。アイは精神的に強いもんね」と言ってくれたそうです。

ソツケンに合格できなくても、目標タイムでゴールするランナーも多くいますから、悲観する必要はありません。

現役のモデルとしてCMなどで活躍中の橋本三雪さんは、2010年の「東京マラソン」で3時間15分切りを狙いました。しかし、レース10日前のソツケンでは23分→22分→20分半という合格ラインには届きませんでした。

アイさんはスピード型ですが、橋本さんはスタミナ型。ビルドアップ走の設定タイムをクリアすることにも取り組みましたが、長所の粘り強さを磨くためにより多くの峠走を実践しました。レース前の6週間で計6回も峠を上り下りし、そのうちの2回は往復42㎞の峠走を行いました。

その結果、「東京マラソン」では3時間14分33秒と目標を達成。ランニングを始めて1年10ヵ月後のこの快挙は、ソツケンに合格できなくても目標を達成した好事例です。

とくにサブフォーを狙うレベルのランナーは、まだまだ潜在能力があります。あとで紹介するレース当日のマネジメント次第で、ゴールタイムはプラスマイナス15分は平気で変わります。レース巧者になって自己ベストを達成しましょう。

◎――ダウンヒル走で30㎞の壁を克服する

10日前から7日前の間に、7～10㎞くらいの坂道を普段よりかなり速いスピードで一気に駆け下りる「ダウンヒル走」を行います。スピードの目安は1㎞4分～4分半です。

レース直前に疲労をためたくないというランナーの心理はよくわかりますが、ダウンヒル走は余力を残さずに全力で行ってください。これはレース後半に失速する30㎞の壁、35㎞の壁をつくらないための練習です。

114ページで触れたように、レース後半の失速は着地衝撃に着地筋（太もも前側の大腿四頭筋）が耐えられなくなるのが大きな原因。ストライドが1ｍだとすると、42・195㎞を完走すると左右各2万回以上着地します。マラソンはある意味、着地との闘いなのです。

着地筋は峠走の下りで鍛えられていますが、直前のダウンヒル走で最後の仕上げをします。太ももに強い衝撃を入れ、その後、疲労を抜いて休養をとることで、筋肉に超回復を起こさせて2万回の着地に打ち勝てる太ももを完成させるのです。すると30㎞の壁、35㎞の壁が先へ先へと遠ざかります。42・195㎞のゴール地点より先まで壁を後退させれば、ペースダウンすることなく快調にフィニッシュできるのです。

適した長いダウンヒルがないときは、2㎞の下りなら4本、1㎞の下りなら10本繰り返します。上りを走る必要はありません。

都会でも100mほどの短い坂なら簡単に見つかるはずです。100mでも20〜30本やれば着地筋の強化には一定の成果があります。この場合も上りはウォーキングでリカバリーにあてましょう。

余談ですが、ぼくはみなさんが目標とするフルマラソンの6倍の距離のレース、ギリシャのスパルタスロン（約246㎞）の5日前にも着地筋を一度壊し、超回復させるために下り坂13㎞を思い切り駆け下りています。

レース4日前の週半ばには、10㎞走る最後のポイント練習を行います。10㎞は、2・5㎞＋5㎞＋2・5㎞という構成。始めの2・5㎞は軽いジョグ。毛細血管を開通させてカラダを温めたら、メインの5㎞をレースペースより少し速く走ります。3時間半狙いだったら24分、4時間なら26分半〜27分です。そして残りの2・5㎞は軽くジョグして終了です。

最後の1週間は無駄な疲労をためないことがメインテーマ。つなぎ練習のジョグの距離を減らしてカラダを休めます。心肺機能の低下が心配なら、着地のインパクトがないスポーツクラブのステップマシンで走力を維持することが可能です。かかとをステップから離さず、お尻と太もも後ろ側のハムストリングを意識してください。5分間ウォームアップしてから、負荷を上げて10〜15分程度追い込みます。

レース前日は完全休養日。いまになってジタバタしても仕方ありませんから、無理に走らずリラックスしてカラダを休めておきましょう。

◎――レース前にシューズとウエアを準備する

前日はレースに持っていく装備や食料品などを並べてチェックします。

シューズはいつもの愛用品。練習用、レース用とシューズを何タイプも履き替えるランナーもいますが、ぼくの考えではレースと練習は境目なく一体化していますから、練習もレースも同じシューズです。

フルマラソンであれば、100㎞ほど走ったシューズが足に馴染んでベストです。

走行距離以上に大切なのはフィッティング。練習時と同じように、スタート前はフィット感を確かめるために軽く走り、シューズ内でかかとが浮かないようにシューレースを締め直して、足の状態に合った最適のフィッティングをします。

ウエアもレース用の新品の勝負服を下ろすのではなく、練習で2、3回は着て慣らしたもののほうがベター。新品を下ろして、不快なあたりがあったりすると気になって集中力が途切れます。多少擦れる場所があったとしても、事前に着用して確かめておくと、摩擦防止にテーピングをするなどの対策が立てられます。

◎――レース前は現地に前泊する

早朝に出発すれば自宅から到着できる場所でも、スタート地点にできるだけ近いホテルなどに前泊することをぼくは勧めています。

前泊すると当日、時間的に余裕を持って行動できますし、ゆっくり眠って疲労回復が促せるからです。

前泊のメリットはそれだけではありません。レース前に脚に疲労をためないという見逃せない利点があるのです。

脚部の疲労度合いは、移動距離だけでなく、時間に大きく左右されます。レース当日に自宅から出かけると、電車に乗ったり、受付やトイレで並んだりして、1時間も2時間も立ちっぱなしになることがあります。

「走るわけじゃないし、立っているだけなら脚は疲れないのでは?」と思いがちですが、長時間立っていると走るよりも疲れるケースがあります。

走ったり歩いたりしていれば、脚の筋肉の伸縮で血液を循環させる筋肉ポンプが働くので、下半身に疲労物質がたまらずに済みます。しかし立っているだけだと、この筋肉ポンプが働かないので下半身に疲労物質がたまって疲れます。前泊すれば受付も前日に、トイレも当日の出発前に済ませることもできます。また、前泊の隠れたメリットは、効率的なウォームアップができること。トップランナーはレース前に90分程度の入念なウォームアップを行います。全身の毛細血管を開いて血液循

レース前に熱いシャワーを浴びてウォームアップ

環を促し、スタートした瞬間からカラダの隅々まで酸素と栄養素が行き渡る状態をつくっているのです。

でも市民ランナーがレース前にそれほど長時間のウォームアップを行うと、エネルギーや脚の筋力を奪われる心配もあります。そこで利用したい裏技がシャワーです。

レース前に我慢できるギリギリの熱いシャワーを浴びると、熱の刺激で毛細血管が開いて血液循環がよくなります。自宅からだと移動している間にカラダが冷えて毛細血管も閉じてしまいがちですから、現地近くに前泊するからこそ使える裏技です。スタート直後から酸素を運ぶ血液が、ある程度開いた毛細血管を効率よく流れるだけで、相当なアドバンテージです。

◎――カーボローディングは不要

カーボローディングとは、カラダに蓄える糖質の量を事前に増やしておくコンディショニング法です。

ご飯、パン、麺類などの主食に含まれている糖質は、体内ではグリコーゲンという物質に変えられて筋肉と肝臓に貯蔵されています。その量には上限があり、全身で500g程度。一度に糖質をどっさり摂っても、グリコーゲンに変わらない部分は体脂肪になってしまいます。

運動中の2大エネルギー源は糖質と体脂肪です。体脂肪は体内にいくらでもためられるので、マラソンのように競技時間が長く多くの運動エネルギーを使う種目では、貯蔵量がかぎられる糖質をいかに上手にためておくかが大事になります。

そこで行われるのがカーボローディングというわけです。

レース前夜に大盛りのパスタやご飯を食べるとカーボローディングにつながると誤解している人も多いようですが、前日に糖質を過食してもカーボローディングにはなりません。

古典的なカーボローディングでは、糖質の摂取をしばらく控えた後、糖質の摂取を増やすのがコツ。糖質の摂取を控えるとグリコーゲンが枯渇するので、グリコーゲンを増やすために グリコーゲンを合成する酵素の活性が高まります。そこにタイミングよく適切な糖質を摂ると、グリコーゲンの貯蔵量が増やせるのです。

カーボローディングは糖質を控える期間や増やすタイミングの設定が難しく、素人がつけ焼き刃で行っても成功するとはかぎりません。

最後の1週間は普段以上にバランスのよい食事を心がけて、疲労回復をアシストするビタミンやミネラルなどが欠乏しないようにすることが先決。糖質に関しては2~3日前から主食の摂取を意識的に少し増やせば十分です。ぼく自身もカーボローティングは行っていません。

レース前日は胃腸に負担がかかる脂っこい食事を避け、アルコールも禁止です。アルコールを代謝するのは肝臓ですが、肝臓は実は運動中に糖質や脂肪を代謝してくれるエネルギー供給基地でもあるのです。

アルコールを代謝するのに、ビール中ビン1本で約3時間、日本酒2合で約6時間ほどかかります。日頃飲酒習慣があっても前夜に飲酒すると、肝臓は徹夜で働き続けるので、翌朝、疲れ気味になります。そして、糖質と脂肪の代謝がスムーズに進まない危険性もあります。

◎──レース当日は「切り餅」を活用する

カーボローディングよりも何倍も重要なのは、レース当日の糖質補給です。53ページで触れたように、マラソンは食べるスポーツ。ゴールするのに長い時間がかかる初心者ほど、スタート直前までエネルギーを補給し続けます。

体重60kgの人がフルマラソンを完走するのに必要なカロリーは、およそ2500kcalです。コンビニのおにぎりにすると約15個分になります。とても一度に食べられる量ではありません。

レース前に食べるのは「甘くない糖質」。ご飯やうどんなどのデンプン質（多糖類）です。なかでもぼくが勧めているのはお餅です。

ゆっくり消化されて長くランニングのエネルギーを供給してくれますし、経験からすると腹痛などの消化器のトラブルを起こすリスクも低いと思います。逆に避けたいのはパンです。パンを食べすぎるとお腹でガスが発生することがあります。

お餅は個別包装されている「切り餅」が便利です。ホテルの部屋などにも常備されているポットのお湯に袋のまま10分ほど入れると、食べやすい柔らかさになります。「海苔は消化に悪いからダメ」というベテランランナーもいますが、何十枚も食べるわけではないので、好きな人は海苔を巻いて食べる手もあります。

朝起きて朝食を食べてから、スタートの2時間前に切り餅を4個食べます。味つけしたお餅はラップして会場まで持参し、スタート1時間前に1個。30分前に1個、

15分前に1個食べます。合計7個。1個約150kcalですから、全部で1000kcalちょっとぐらい。

時間差をつけて摂ると胃腸の負担が減らせます。

「トップ選手たちはレース前にそんなに食べていないのでは？」と不思議に思われるかもしれません。確かに彼らは固形物を口にしていませんが、まったく別の方法を利用してエネルギー補給しています。

食べてすぐに走るのが苦手な人は、普段から「食べて走る」ことにカラダを慣らしておいてください。

「そんなに食べると横腹が痛くなりませんか？」という質問をセミナーなどで受けますが、大丈夫。ランニングにハマると誰でも失うものが二つあって、それは（ランニング以外の）友人と横腹の痛みです。慣れてくると、スタートの5分前までもぐもぐ食べていてもお腹は痛くなったりしません。

また、横腹の痛みは脳が過酷な運動をやめさせるためにつくりだすウソの痛みだという説もあります。ですので、走力がアップするといつの間にか横腹の痛みが出

朝起きて朝食を食べる
スタート2時間前に
切り餅を4個食べる
30分前に1個
15分前に1個
スタート1時間前に
切り餅を1個食べる
START

マラソンは食べるスポーツ。レース当日は、スタートの2時間前から段階的に切り餅を食べて糖質を補給する。

なくなるのでしょう。

◎——レース中は「甘い糖質」を摂る

スタート前の糖質補給は大切ですが、同じお餅でも大福餅などの「甘い糖質」を摂るのは極力避けてください。大福餅にかぎらず、チョコレートや清涼飲料水などに含まれている砂糖は体内への吸収が速く、血糖値を急激に上げる作用があります。その反動で血糖値を下げるインスリンというホルモンがどっと分泌されて、血糖値を急激に下げてしまい、脳から運動のストップ指令が発令されます。それでは走る前からガス欠になっているようなもの。満足いく走りはできません。

反対にレース中は「甘い糖質」を摂りましょう。

レース前の糖質補給がエネルギー補給のためだとしたら、レース中の糖質補給は脳を味方につけて疲労感を抑えるためのもの。

運動をすると糖質が消費されて血糖値が下がります。血糖は脳の唯一のエネルギー源ですから、血糖値が下がり続けると脳は「このままではいけない」と防衛本能を働かせます。そして疲労感や痛みを発して、運動をやめさせようとするのです。

運動中に糖質を補給すると血糖値が上がり、脳の過剰な防衛反応が抑えられるので、疲れや痛みを感じずに走り続けられます。運動中なら血糖値が上がってもインスリンが大量に出ることはないので、砂糖のような甘い糖質でも大丈夫。むしろ甘い糖質のほうが吸収は早く、疲れや痛みを抑える上で即効性があります。

レース中の糖質補給には軽くて携行に便利なエネルギーゼリー飲料を利用します。ウエアのポケットやウエストポーチに入れたりするといいでしょう。

その日のコンディションにもよりますが、4時間以内でゴールする人は15㎞、25㎞、35㎞にエネルギーゼリー飲料を1個ずつ摂ります。

エネルギーゼリー飲料には2～3㎞走れる程度のカロリーしかありませんが、単糖類が急激にそれだけ入って来たことで脳が多糖類をものすごくたくさん摂取したと勘違いして、実際には2～3㎞よりはるかに長く元気な走りを支えてくれます

（58ページ参照）。同時に、筋肉の疲労を抑える目的でＢＣＡＡ（１５３ページ参照）のサプリメントを10㎞ごとに摂ることも必須です。

女性誌で活躍するフリーランスライターの間庭典子さんは、ぼくが指導した『ＦＲａＵ』の「マウイマラソン」読者チャレンジ企画のライターとして現地に同行。せっかくマウイに行くのだからと、思い切ってレースに参戦しました。

彼女にとっては初のフルマラソン。前半は快調だったものの40㎞すぎから蛇行するようになり、ゴールのわずか２００ｍ手前でなんと失神。医療テントで点滴を受けるという苦いデビューとなりました。

それ以来、彼女は誰よりもエネルギー補給に対して慎重に取り組むようになりました。

２０１０年3月、彼女は「ソウル国際マラソン」に参加。ぼくも同行しましたが、レース前日から意識して多くの糖質を摂っていました。レース中もエネルギーゼリー飲料を3個摂取。その結果、３時間13分47秒と晴れて国際女子マラソン参加の切符を手に入れたのです。

いまでは100㎞のレースで優勝したり、男性でも難関のギリシャのスパルタスロン（約246㎞）さえ完走するスーパーランナーです。

◎——スローペースでスタート！

レースマネジメントの最大のポイントは、スタートから5㎞をゆっくり入ること。それができればレースは半分成功したようなものです。前半ペースを抑えて後半ペースアップする感覚をビルドアップ走でつかんでいますから、違和感なく行えることでしょう。

まわりが飛ばしているとつられて速いペースで入りそうになりますが、始めの5㎞でオーバーペースになると後半の失速を招きます。

熱いシャワーを浴びたり、ウォームアップをしたりしても、全身の毛細血管が全開になっているわけではありません。その状態で頑張りすぎると、糖質を筋肉が代謝したときにできる乳酸がたまります。乳酸は筋肉の細胞内のミトコンドリアでエネルギー源になりますが、毛細血管が開いていないうちにペースを上げると処理が間に合わなくなり、筋肉内に代謝されない乳酸がたまります。

たまった乳酸で酸性に傾くと筋肉の収縮がスムーズに進まなくなり、疲労感につながります。これが後半の失速の原因となるのです。

スタートから5㎞は、ウォームアップのつもりでゆっくり走ります。ペースは10日前のソツケンのスタートペース。サブフォー狙いなら5㎞28分、3時間半切りなら25分を目安にしてください。

この走り方をすると前半はどんどん抜かれますが、前半を抑えた分、後半ペースアップできるので必ず巻き返せます。自信を持って抜かれてください。

中間点以降は、前半飛ばしすぎて足が止まったランナーを次から次へと抜けるので、爽快な気分で走り続けることができます。

◎――30～35㎞で最速ラップを刻む

前半抑える走りを勧めても「トップ選手たちは前半から飛ばしているじゃないですか」と首を傾げるランナーもいます。

たしかにトップ選手たちの5㎞ごとのラップタイムは前半のほうが総じてよく、5～10㎞地点で最速ラップを刻むランナーが多いようです。

これにはちゃんと理由があります。

トップ選手はレース前に90分間ほど入念にウォームアップを行います。2時間20分(140分)でゴールしたとすると、ウォームアップからゴールまでのトータルタイムは230分です。

一方、市民ランナーはウォームアップをしても15分がいいところ。3時間35分(215分)でゴールしたとすると、スタートからゴールまでの運動時間は同じく230分です。

トップ選手の5～10㎞はウォームアップ開始時からカウントすると120分前後。

ここで最速ラップが出ている計算になります。

トップ選手のレースマネジメントに習うと、彼らの90分のウォームアップタイムから実際にウォームアップした15分を差し引いて、75分はゆっくり走っていいことになります。ペースを上げて120分後に最速ラップを刻むのは、市民ランナーにとってはレースの中間地点以降という計算になるのです。

5kmをすぎたあたりから、ビルドアップ走で身につけた感覚でペースを上げます。毛細血管が開いて血行が格段によくなっていますから、スムーズにギアチェンジができるでしょう。

目標タイムから逆算したレースペースまで上げたら、そのペースを守ります。しかし、最初の5kmのペースを抑えた分だけ、後半どこかで借りを返さなくてはなりません。

10km地点をすぎると、毛細血管がさらに開いて酸素の供給が円滑になり、カラダの代謝システムが乳酸をテキパキと処理してくれるので、びっくりするほど足が軽くなります。思わずスピードアップしたくなりますが、少々調子が出てきたからと

最初の10㎞まではあえて「ゆっくりラン」

いって、ここでペースを上げるのは禁物。まだまだ我慢です。

トップ選手が90分もウォームアップをするのは、そのくらい時間をかけないと毛細血管が全開しないから。10㎞地点では、レース前の15分のウォームアップを入れてもまた60分ちょっとしかたっていないのです。酸素供給と代謝のシステムの稼働率は100%に達していないので、頑張りすぎると乳酸がたまって後半の失速する危険が残っています。

理想的なのは30〜35㎞の間でペースを上げて最速ラップを刻み、最初の5㎞の借りを返すこと。峠走でつくった着地筋が底力

を出してくれるでしょう。

残り7㎞も同じラップで走りたいところですが、疲労もたまっているので多少ペースは落ちます。それでもスタートからゴールまでを平均すると、当初想定したレースペースで走れているはず。目標タイムでゴールできます。

2008年、『FRaU』の「東京マラソン」挑戦企画で「club MY☆STAR」の練習に合流した大原里絵さんは、多くの女性誌で活躍するモデルです。その年の東京マラソンは、彼女にとって2度目のフルマラソンでした。

レース前の10週間、休むことなく皇居での練習会に参加し、ビルドアップ走に取り組みました。目標は、3時間半切り。5㎞平均が25分弱というペースです。

彼女は最初の5㎞をその平均ペースよりかなり遅い27分台で入ります。そして30〜35㎞で22分台を見事に刻んだのです。スタートからの5㎞と比べると5分もの差がある理想的な走りでした。その結果、ゴールタイムは3時間27分と目標を軽々と突破しました。

最初の5㎞のペースは、彼女にとって相当ゆっくりに感じられたことでしょう。

しかし、ハーフ地点から他のランナーを抜き続けるばかりのレース展開は、気持ちのうえでもかなりのアドバンテージがあったといいます。

◎──「早め」「こまめ」「少なめ」に給水する

レース中はお腹が空いていなくても、規則的に糖質とBCAAをチャージします。そしてエイドステーションでは喉が渇いていなくても給水します。

たとえ汗をかいている自覚がなくても、呼気だけでも1時間あたり100～200㎖の水分が失われています。

喉の渇きを覚えた頃には、カラダはすでに軽い脱水状態。しかもヒトが吸収できる水分は1分間に5㎖程度。給水所で摂る150㎖の水分を吸収するのに30分もかかります。水分補給は「早め」「こまめ」「少なめ」が鉄則です。

ペースを上げていないのに、呼吸が「ハァハァ」と乱れてきたら、脱水のサインです。脱水して血液量が少なくなると、少ない血液を全身に循環させるために心拍数が上がり、呼吸が苦しくなるのです。次のエイドステーションでは予定よりも少し多めに水分を摂取して調整します。

脱水気味になったり、エネルギー切れを起こしかけたりしたときは、無理に動かないで一度立ち止まって歩きましょう。深呼吸をして糖質や水分を摂取したほうが早く回復します。

ペースが上がらないときは、69ページで紹介した肩甲骨を寄せるポーズで正しい腰高フォームにリセット。ピッチを意識してお尻や太もも後ろ側の筋肉が使えるようにフォームを修正してください。

◎──道路の端を走らない

マラソンレースのテレビ中継を見ていると、沿道に寄った選手から順番に集団から遅れ始めます。

これはランナーの本能から出る行動。沿道を走ると観客や立ち木が後ろへ速く流れるため、道路の真ん中を走るよりも主観的には速いスピードが出ている気がします。脱落寸前は本当はペースが落ちていますが、「進んでいる感じ」がほしいがために本能的に沿道に寄ってしまうのです。

「ホノルルマラソン」の参加者の多くは「復路のハイウェイがつらい」と口を揃えます。なぜならハイウェイに入った瞬間、景色が開けて対象物がなくなり、スピード感がなくなるからです。すると、少しでもスピード感を得ようと道路の端を走ります。

しかし、道路の端には傾斜があります。そこを長時間走ると、左足に疲労がたまり、ペースダウンの危険性が高まります。「ホノルルマラソン」の翌日、完走者の多くは左足を引きずるようにして歩いています。復路のハイウェイの端は左側に傾斜がついているため、端を走ると右足より左足に負担がかかりやすいからです。

ちなみに道路の両端の傾斜がきつく、断面はまるで台形のようになっているようなマラソンコースもありますから、そのようなコースでは余計に注意が必要です。

普段の練習のときから、疲れても道路の端に寄らない習慣をつけておきたいものです。

終　章　元キャバ嬢が国際マラソンランナーに

アイさんは本格的にランニングを始めて2ヵ月後、茨城県で行われた「かすみがうらマラソン」で初マラソンに挑戦しました。

アイさんの目標タイムは3時間40分。10日前のソツケンでは25分→24分→22分半をクリア。5㎞25分半のペースで行けば、3時間40分でゴールできる計算です。

アイさんと一緒に3時間40分切りを狙っていたのが、根本さんという男性メンバーでした。愛称〝ねもっつ〟。ねもっつの実家は茨城県なので、アイさんたちは彼の実家に前泊してレースに臨みました。

ぼくは「前半は27分から入って、後半ペースを上げていこう」と指示したつもりだったのですが、意思疎通が上手くいかず、2人は「25分から入れ」と言われたと誤解したようです。

ねもっつはスタート3分前、「それはおかしいし、厳しい。アイさんごめんなさい、ぼくは27分で入ります」と前半を抑えました。でもアイさんは、「岩本さんがそういうのだから、私は25分で行く」とオーバーペースを覚悟でスタートします。

彼女はいつもぼくの指示は絶対正しいと信じるので、疑問を感じながらも25分で走り始めたのでしょう。この点はいまでも申し訳なかったと思っています。

しかも、この日は4月としては異例の暑さ。エイドステーションで欠かさず給水しても脱水症状が起こるような悪条件でした。その影響もあり、25分ペースで入ったアイさんのペースは少しずつダウンします。

「15㎞地点でねもっつに抜かれて。でも、彼は年下で目上を気遣う子なので、『アイさーん、まだ大丈夫ですよー』と明るく声をかけてくれました」

25㎞地点では、ねもっつのご両親が、「まだ行ったたばっかりだから大丈夫よ」と声をかけてくれましたが、アイさんはじりじりとペースダウン。途中で歩いてしまいます。再び力を振り絞って走り始めた彼女の目に意外な光景が飛び込みました。

35㎞地点に彼女の初フル挑戦を応援するために『club MY☆STAR』の応援団がいたのです。「それを見た瞬間、歩いたことを心の底から後悔しました」

とアイさん。

応援団の前で、たくさんの風船をつけた4時間のオフィシャルペースメーカーに抜かれてからは、そのペースメーカーとの壮烈なバトル。最後は振り切り、3時間55分でゴールします。27分で入ったねもっつは3時間40分を切るタイムでゴール。アイさんも27分で入っていれば、ねもっつと並んでゴールしていたはずです。

それでも初マラソンで4時間切り。サブフォーを実現したわけですから、応援に駆けつけたメンバーは、「アイちゃん、おめでとう。サブフォーすごい!」と喜びました。

けれど、当の本人は浮かない顔をしています。実は彼女、サブフォーとは3時間40分を切ることだと誤解していたのです。いまとなっては笑い話ですが、彼女がいかに高い目的意識を持っていたかを感じさせるエピソードです。

そして3時間15分切りへ

その2ヵ月後の6月、アイさんは北海道で行われた「千歳JAL国際マラソン」

に参加します。目標は3時間半切りです。

始めはチームのメンバーと並走していましたが、そのメンバーが途中でトイレに行ってからは1人で安定したペースを保ち続けます。ゴールタイムは、目標を1分オーバーしただけの3時間31分。2回目にして年代別5位入賞という堂々たるレースでした。

その翌月の7月、今度は77㎞の「奥武蔵ウルトラマラソン」に出場します。ウルトラマラソンに出てもらったのは、42・195㎞よりも長い距離を走る体験をすると、フルマラソンが短く感じられて心理的な30㎞の壁がなくなるからです。

アイさんは、いとも簡単に77㎞を完走。次の目標を11月23日の「つくばマラソン」に置きました。コースが平坦で記録が出やすいレースでもあり、アイさんは3時間15分切りを狙って出場します。

いよいよ、大一番の「つくばマラソン」当日。予定通り前泊し、朝熱いシャワーを浴び、しっかりお餅も食べました。

スタートラインが大混雑していて最前列に並べなかったおかげで、最初の5㎞に

24分半かかりました。3時間15分を切るレースペースは23分06秒。始めのタイムロスが響いて前半15㎞で3分の遅れが生じました。

アイさんは、遅れに気づいている様子はありませんでしたが、レースの半分をすぎたあたりで、このままでは間に合わないことを知り、練習会さながらのビルドアップを開始します。

月間300㎞の走行距離と毎週末の峠走がつくり上げた脚は、力強くスピードアップ。そして結果的に3時間13分という目標通りのタイムでゴールしたのです。

大阪国際女子マラソンでサブスリーに挑む

「club MY☆STAR」に入ってちょうど1年後。2010年1月31日の「大阪国際女子マラソン」で、アイさんはサブスリーを狙いました。

このときのソツケンは22分→21分→19分半でしたが、アイさんはこれもやり抜きました。その後のインターバルトレーニングはアイさんだけの特別メニューで、長く速くきつい設定タイムでした。このインターバルも設定通りのタイムで走り、「これならサブスリー間違いないよ」とぼくも太鼓判を押しました。

ところが運悪く、レース当日は土砂降り。気温5度で、とても外でスポーツをやる環境ではありませんでした。アイさんはカラダが冷えて5㎞地点でお腹を下し、トイレに駆け込んでしまいます。

そのときはエイドステーションに、エネルギー源となる糖質やBCAAなど必要な栄養素をすべて詰め込んだスペシャルドリンクを用意していました。でも冷たい雨に打たれたドリンクはキンキンに冷えています。飲みたくないのですが、飲まないとガス欠になるのは目に見えています。

走ってせっかく温まったと思ったら、ドリンクを飲んでカラダがまた冷える。その繰り返しで最後まで波に乗ることができませんでした。

最悪のコンディションにもめげず、アイさんは3時間08分で完走します。よい天気だったら、サブスリーを達成していたでしょう。しかし、レース当日のコンディションも勝負の一つ。より強いランナーはそれでも屈しなかったはずですし、実際にこのレースで初めてサブスリーや自己ベストを達成したランナーもいました。

誰もが可能性を秘めている

いま振り返ってみると、確かにアイさんにはランナーとしての資質がある程度揃っていました。骨格、動きなど身体的な優位性だけでなく、メンタルの面でも非常に強いものがあり、目標さえ決まればそこに向かって一心不乱に突き進んでいく様は、指導していて感動すら覚えるほどです。

アイさんが目指し、たどり着いた国際女子マラソン。そこには同じように頑張りと忍耐を積み重ねて到達したランナーが５００人以上出場しました。ここまでぼくはアイさんのことを中心に書きすすめてきましたが、その５００人の誰しもが、その人でなければできなかった努力の蓄積や苦悩を乗り越えてスタートラインに立ったはずです。

アイさんや他のランナーたちに備わっていたもの、それは「ほしがるチカラ」なのだと思います。このチカラが枯渇しないかぎり、可能性は輝き続け、アイさんの快進撃はまだまだ続くものとぼくは信じています。

そして、市民ランナーのみなさんにも、間違いなくそれぞれの大きな可能性が秘められています。大きな国際大会であろうと、「東京マラソン」や「ホノルルマラソン」、10㎞のロードレースやハーフのマラソンレースであろうと、覚悟を決めて準備し、レースを相手に闘うことに変わりはありません。

あなたもほしがるチカラを胸に秘めて、その可能性をぜひ自分の手でつかみ取ってください。

おわりに

岩本流「非常識マラソンメソッド」は、いかがでしたでしょうか。この本は、広くランニングの初心者からマラソンランナーまでを対象としていますが、どうか焦らず、確実に一つひとつ自分のものにしていってください。

これまで述べてきた内容は、ぼくのもとで記録を伸ばし続けるチームメイトが実践し、結果で実証しているマラソン上達法ではありますが、誰もがアイさんのように9ヵ月で3時間15分を切れるようになるとはもちろん言いません。

読者の皆さんが、それぞれのペースに合わせて本書のメソッドを実践してくれればいいと思っています。

ここで一つ、皆さんに注意しておいていただきたい点があります。それは、ラクをしてフルマラソンを完走し、よいタイムを出すことはできないということです。

「ラクして、ベストタイムを更新できますよ」と言いたいところですが、そう言ってしまうとウソになります。

アイさんも、地道に、コツコツと、ぼくの指導を実践してきたのです。ぼく自身も200kmを超えるウルトラマラソンに参加するランナーですが、結局のところ地道な方法が、ベストタイムを更新する一番の近道なのです。

ただし、目標とするタイムをより短い期間で達成できるようにする効率的な手段はあります。それこそが本書で紹介した最小のトレーニングで最大限の効果を発揮するメソッドなのです。

「本当に速くなるんだろうか?」。本書を読み終えたこの時点では、そう思っていただいてかまいません。むしろ、それはぼくにとっての褒め言葉です。

なぜなら、ランニングやマラソンの著名な指導者の方々がこれまで指南してきた「通説」とは、多くの点で異なるのが、ぼくの実体験と指導現場から導き出したメソッドだからです。でも、決して著名な指導者の方々の指導法を否定するわけではありませんので、その点は絶対に誤解しないでください。

2011年2月27日に開催される「東京マラソン」は、過去最多の33万5147

人が応募。その倍率はフルマラソンが9・2倍、10㎞が13・6倍とマラソン熱は高まるばかりです。
ランニングを始めたばかりだけれどもフルマラソン参加を目指すあなた、二度目のマラソンを前にしたあなた、最近タイムが縮まらず悩んでいるあなた。本書を実践することで、目標タイムでのフルマラソン完走、自己ベスト更新をぜひ達成してください。

２０１０年10月

ｃｌｕｂ ＭＹ☆ＳＴＡＲ代表　岩本能史

著者略歴

岩本能史（いわもと・のぶみ）

1966年横浜市生まれ。ランニングチーム「club MY ☆ STAR」代表として、数々の市民ランナーを指導。「最小のトレーニングで最大限の効果を」という考えのもと、仕事と両立しながらの「サブ4」「サブ3.5」「サブ3」の達成を次々と実現させている。自身は、ギリシャのスパルタスロンやアメリカのバッドウォーター・ウルトラマラソンなどで活躍する現役フットレーサー。

web MY ☆ STAR　http://club-mystar.com/

ソフトバンク新書　145

非常識《ひじょうしき》マラソンメソッド

ヘビースモーカーの元《もと》キャバ嬢《じょう》がたった9ヵ月《げつ》で3時間《じかん》13分《ぷん》！

2010年10月25日　初版第1刷発行
2012年11月27日　初版第5刷発行

著　者：岩本能史《いわもとのぶみ》

発行者：新田光敏
発行所：ソフトバンク クリエイティブ株式会社
〒106-0032　東京都港区六本木 2-4-5
電話：03-5549-1201（営業部）

編集協力：井上健二、有限会社ウィズブレインズ（船見厚宏・船見麻里）
装　幀：ブックウォール
挿　画：ヤマサキタツヤ
組　版：アーティザンカンパニー株式会社
印刷・製本：図書印刷株式会社

ISBN 978-4-7973-6138-4

ソフトバンク新書

127
スペイン人はなぜ小さいのにサッカーが強いのか
――日本がワールドカップで勝つためのヒント
村松尚登

名門FCバルセロナを指導した著者が、体格面で世界との差を抱えながらも世界最強のスペインサッカーを通じて、「日本サッカーが強くなるための方法」を説く。

128
坂本龍馬の「私の履歴書」
八幡和郎

天国の坂本龍馬が振り返る、激動の幕末、そして波乱万丈な生涯。多くの日本人に自信と勇気を与えた、自由闊達な男の魅力に迫る。

129
地図と家紋で知る名字のルーツ
姓氏の歴史研究会編

佐藤、鈴木、高橋などのポピュラーな苗字と家紋のルーツはもちろん、知れば知るほど面白い名字と家紋の知識をまるごと紹介。

130
山登りの作法
岩崎元郎

中高年登山のカリスマとして知られる著者が、初心者以上マニア未満の山登り愛好家に向け、どこまでも実践的な安心・安全山登りの作法を徹底指南する。

131
頭がよくなる図化思考法
齋藤　孝

著者の超人的な知的生産力を支える「図化思考の技術」を「構造的に物事を捉える技術」から「シンプル図の描き方」まで、実例を用いてわかりやすく紹介する。

132
本当にうまいビール215
藤原ヒロユキ

おなじみのメーカーの知られざるビール、味わい深い地ビール、注目したい海外ビールなど、お勧めの銘柄やブランド、醸造所を一挙に紹介。

ソフトバンク新書

134 **Kindleショック**
——インタークラウド時代の夜明け
境 真良
電子書籍元年の象徴として注目されるキンドル。その破壊力は出版業界にとどまらずインターネット全体に及ぶ。異色の経済官僚が説くグーグル革命後のウェブの形。

135 **USTREAM 世界を変えるネット生中継**
川井拓也
個人が映像を発信し共有する革新的なプラットフォームが、ビジネスや私たちのライフスタイルをどう変えるのか？　進化するウェブの究極の形がここにある。

136 **ろくでなし三国志**
——本当はだらしない英雄たち
本田 透
いつも負けてばかりの劉備、誇大妄想の持ち主・孔明、ポエマーの曹操……三国志のヒーローたちの意外な素顔。時に滑稽で、時に悲しい生き方に、人生を学ぶ⁉

137 **アップルvs.グーグル**
小川 浩
林 信行
さまざまな局面で対立の様相を見せるITの両巨頭。いかなる思惑ゆえに両社は戦うに至ったのか。世紀の戦いを通じてウェブとテクノロジーの未来を読み解く。

138 **一流の習慣術**
——イチローとマー君が実践する「自分力」の育て方
奥村幸治
トッププロの考え方や意識の持ち方、心技体のバランスの持ちようなど、著者だからこそ知る彼らの習慣術は、ビジネスに、勉強に、日常生活に確実に活きる。

139 **他人に流されない人ほど上手くいく**
石原加受子
周りの意見や雰囲気に流されると、いつまでたっても幸福感を味わえない負のスパイラルに陥ってしまう。自分の感情を大事にして、人生を豊かにするための本。